인터넷

오즈 ITQ 인터넷

초판 1쇄 발행_ 2015년 03월 10일

지은이 웰북수험서개발팀　**발행인** 임종훈　**편집인** 강성재　**마케팅** 이인규
표지·편집디자인 인투　**출력/인쇄** 미래상상
발행처 도서출판 웰북
주소 서울특별시 영등포구 당산동5가 33-1(양평로 67) 한강포스빌 518호
주문/문의전화 02-6378-0010　팩스 02-6378-0011
홈페이지 http://www.wellbook.net
발행처 도서출판 웰북
ⓒ (주)웅진씽크빅 2015
ISBN 979-11-86296-14-1　13000

이 책은 저작권법에 따라 보호받는 저작물이므로 무단전재와 무단 복제를 금지하며,
이 책 내용의 전부 또는 일부를 이용하려면 반드시 저작권자와 도서출판 웰북의 서면동의를 받아야 합니다.

Information Technology Qualification

ITQ 이 책의 구성 미리보기

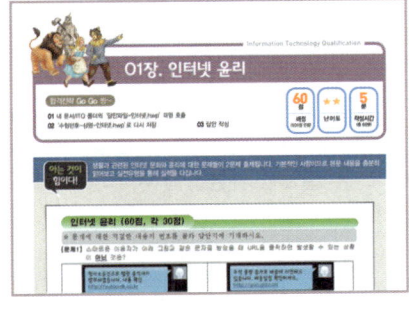

◀ **아는것이 힘이다.**
출제유형을 미리 확인해 봄으로써 어떤 부분에 집중해서 학습해야 할지 등의 학습 방향을 잡을 수 있습니다.

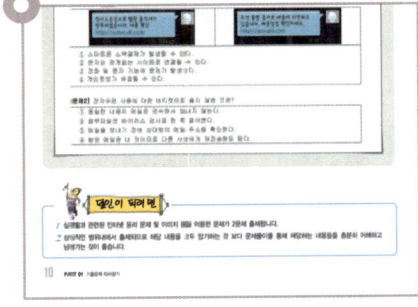

달인이 되려면 ▶
문제를 해결하기 위해 반드시 알아두어야 할 내용과 노하우를 공개함으로써 수험자로 하여금 도움이 될 수 있도록 하였습니다.

◀ **실전유형 다잡기**
실전과 동일한 유형의 문제를 수록하여 시험의 급소를 파악하고, 본인의 실력을 가늠할 수 있도록 하였습니다.

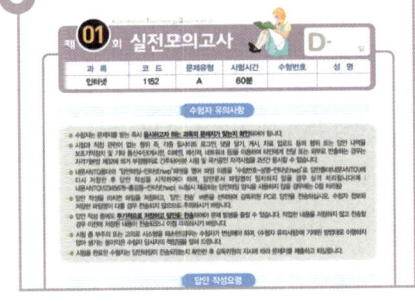

실전모의고사 ▶
실전과 100% 동일한 형태의 실전모의고사(10회)를 수록하여 ITQ 시험에 철저한 대비를 할 수 있도록 하였습니다.

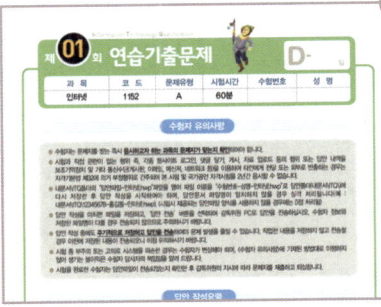

◀ **연습기출문제**
실제 출제되었던 기출문제 10회를 풀어보면서 ITQ 시험을 준비하는데 부족함이 없도록 하였습니다.

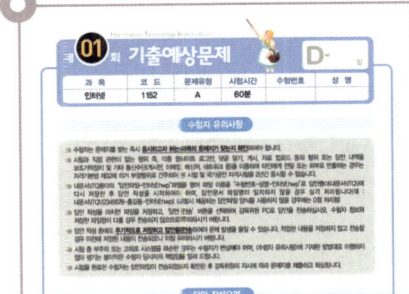

기출예상문제 ▶
실제 시험지와 동일하게 제작된 기출문제 5회분을 통하여 실전과 같이 연습할 수 있도록 하였습니다.

ITQ 시험의 특징

Information Technology Qualification

01 컴퓨터 국가공인 자격시험

ITQ 시험이 뭐예요?
정보기술자격(ITQ)은 컴퓨터를 이용하여 작업할 때 가장 많이 사용하는 소프트웨어를 얼마나 잘 사용하는지를 평가하는 국가공인자격 시험입니다. 다른 점은 실제로 컴퓨터를 다룰 때 꼭 필요한 기능들을 시험을 준비하면서 익힐 수 있다는 것입니다.

02 실기시험으로만 평가

시험에는 어떤 과목이 있나요?
ITQ 시험은 아래한글(MS워드), 한글 엑셀, 한글 액세스, 한글 파워포인트, 인터넷 등으로 이루어져 있습니다. ITQ 시험은 해당 과목에 대한 별도의 필기시험이 없으며 실기시험으로만 이루어집니다

03 자신있는 과목만 선택하여 응시

그럼 5과목을 모두 합격해야 하나요?
그렇지는 않습니다. 5과목 중에서 원하는 과목만 선택하여 시험을 볼 수 있습니다. 매회 시행되는 시험에서는 최대 3과목까지 선택하여 볼 수 있습니다.

04 200점 이상이면 자격증 취득

몇 점이 되어야 자격증이 나오나요?
시험은 500점 만점이지만 자격증은 200점 이상부터 주어지게 됩니다. 자격증에는 획득한 점수에 따라 A등급, B등급, C등급으로 분류하여 표시됩니다.

05 등급이 표시되는 자격증

등급은 어떻게 구분되나요?
400~500점은 A등급, 300점~399점은 B등급, 200~299점은 C등급으로 나누어집니다. 이렇게 등급을 나눈 이유는 이전 시험에서 얻은 등급보다 더 높은 등급을 다음 시험에서 얻을 수 있도록 도전 할 수 있기 때문입니다.

06 자격증도 얻고 실력도 늘고

ITQ 자격증은 왜 필요한가요?
구구단을 외워야 셈을 하는데 불편함이 없는 것처럼, 컴퓨터를 자유 자재로 다루기 위해 알아야 할 기능들은 시험을 준비하면서 익힐 수 있으며, 또한 컴퓨터와 관련된 학교 과목에서 점수를 얻거나 기록으로도 남을 수 있기 때문입니다.

ITQ 시험 응시절차

Information Technology Qualification

시험 원서를 접수해요
인터넷을 이용하거나 지역센터를 방문하여 원서를 접수합니다. (http://apply.itq.or.kr)

수험표와 고사장을 확인해요
- 인터넷으로 접수한 경우 시험 1주일 전에 수험표를 인쇄합니다.
- 수험표에서 고사장, 고사실, 좌석번호, 시험시간 등을 확인합니다.

시험 결과를 확인해요
- 성적공고 기간 중에 인터넷에서 성적을 확인합니다
- 자격증 신청 기간 동안 발급을 신청합니다.

시험에 응시해요
- 수험표, 신분증명서(건강 보험증 등)를 지참합니다.
- 지정된 시험 시작 10분전까지 고사실로 입실합니다.

자격증을 받아요
자격증 발급 수수료를 납부하고 자격증을 받습니다.

ITQ 차례

Part 01 기출문제 따라잡기

01장 인터넷 윤리 ··· 10
02장 일반검색 ··· 20
03장 퍼즐 정보 검색 ····································· 29
04장 실용 검색 ·· 36
05장 정보 가공 ·· 43

Part 02 실전모의고사

제 01 회 실전모의고사 ···································· 50
제 02 회 실전모의고사 ···································· 54
제 03 회 실전모의고사 ···································· 58
제 04 회 실전모의고사 ···································· 62
제 05 회 실전모의고사 ···································· 66
제 06 회 실전모의고사 ···································· 70
제 07 회 실전모의고사 ···································· 74
제 08 회 실전모의고사 ···································· 78
제 09 회 실전모의고사 ···································· 82
제 10 회 실전모의고사 ···································· 86

Part 03 연습기출문제

제 01 회 연습기출문제 ···································· 92
제 02 회 연습기출문제 ···································· 96

Information Technology Qualification

제 03 회 연습기출문제 ··· 100
제 04 회 연습기출문제 ··· 104
제 05 회 연습기출문제 ··· 108
제 06 회 연습기출문제 ··· 112
제 07 회 연습기출문제 ··· 116
제 08 회 연습기출문제 ··· 120
제 09 회 연습기출문제 ··· 124
제 10 회 연습기출문제 ··· 128

Part 04 기출예상문제

제 01 회 기출예상문제 ··· 134
제 02 회 기출예상문제 ··· 138
제 03 회 기출예상문제 ··· 142
제 04 회 기출예상문제 ··· 146
제 05 회 기출예상문제 ··· 150

Part 05 정답 및 해설

Part 01 기출문제 따라잡기 정답 및 해설 ·················· 156
Part 02 실전모의고사 정답 및 해설 ························· 163
Part 03 연습기출문제 정답 및 해설 ························· 173
Part 04 기출예상문제 정답 및 해설 ························· 183

INFORMATION
TECHNOLOGY
QUALIFICATION

Part 01 기출문제 따라잡기

01장_ 인터넷 윤리
02장_ 일반 검색
03장_ 퍼즐 정보 검색
04장_ 실용 검색
05장_ 정보 가공

01장. 인터넷 윤리

Information Technology Qualification

합격전략 Go Go 씽~

01 내 문서/ITQ 폴더의 '답안파일-인터넷.hwp' 파일 호출
02 '수험번호-성명-인터넷.hwp'로 다시 저장
03 답안 작성

60점 배점 (500점 만점) | **난이도** ★★ | **5분** 작성시간 (총 60분)

아는 것이 힘이다! 생활과 관련된 인터넷 문화와 윤리에 대한 문제들이 2문제 출제됩니다. 기본적인 사항이므로 본문 내용을 충분히 읽어보고 실전유형을 통해 실력을 다집니다.

인터넷 윤리 (60점, 각 30점)

※ 문제에 대한 적절한 내용의 번호를 골라 답안지에 기재하시오.

[문제1] 스마트폰 이용자가 아래 그림과 같은 문자를 받았을 때 URL을 클릭하면 발생할 수 있는 상황이 **아닌** 것은?

① 스마트폰 소액결제가 발생할 수 있다.
② 문자와 관계없는 사이트로 연결될 수 있다.
③ 전화 및 문자 기능에 문제가 발생한다.
④ 개인정보가 유출될 수 있다.

[문제2] 전자우편 사용에 대한 네티켓으로 옳지 않은 것은?
① 동일한 내용의 메일은 연속해서 보내지 않는다.
② 첨부파일은 바이러스 검사를 한 후 열어본다.
③ 메일을 보내기 전에 상대방의 메일 주소를 확인한다.
④ 받은 메일은 내 것이므로 다른 사람에게 재전송해도 된다.

달인이 되려면

1. 실생활과 관련된 인터넷 윤리 문제 및 이미지 등을 이용한 문제가 2문제 출제됩니다.
2. 상식적인 범위내에서 출제되므로 해당 내용을 모두 암기하는 것 보다 문제풀이를 통해 해당하는 내용들을 충분히 이해하고 넘어가는 것이 좋습니다.

출제유형 바로바로 다잡기

01 정보화 사회 02 정보화 사회의 역기능

출제유형 01 정보화 사회

■ 온라인 금융거래시 주의사항
- 은행, 신용카드 등 금융기관 사이트는 주소를 정확하게 입력하고 이용한다.
- 금융기관 등에서는 전화나 메일로 개인정보를 확인하는 경우는 없으므로 개인정보를 요청하는 메일은 일단 의심한다.
- 보안카드는 반드시 본인이 소지하고 다른 곳에 기재해 두지 않는다.

■ 메신저 사용시 주의사항
- 중요한 정보는 가급적 메신저를 이용하여 전달하지 않는다.
- 다른 사람과 함께 사용하는 컴퓨터에서는 자동 로그인 기능을 사용하지 않는다.
- 모르는 사람으로부터 받은 초대나 친구추가 요청은 함부로 수락하지 않는다.

■ 개인 정보 보호
- 개인 정보가 침해당했을 때 적극적으로 신고하는 자세를 가진다.
- 이메일 관리를 철저히 하여 개인정보가 남지 않도록 한다.
- 개인 정보를 요구받았을 때 상대방의 신분 및 목적을 확인하는 자세가 필요하다.
- 14세 미만의 어린이로부터 개인 정보를 수집하거나 이용하는 경우 해당 어린이의 법정 대리인으로부터 동의를 받아야 한다.
- 개인 프라이버시의 침해는 엄연한 위법행위로 인지한다.
- 사이트에 회원가입을 하거나 개인 정보를 제공할 때에는 개인정보 취급방침 및 약관을 꼼꼼히 살핀다.
- 비밀번호는 다른 사람이 알아내기 어렵도록 영문/숫자/특수기호 등을 조합하여 설정하고 수시로 변경한다.
- 회원가입을 할 때 꼭 필요하지 않은 개인 정보를 입력하지 않는다.
- 금융거래시 신용카드 번호와 같은 금융정보를 입력할 때 암호화하여 저장하고 PC방과 같이 여러 사람이 사용하는 컴퓨터에서는 이용하지 않는다.
- 자녀가 가입한 사이트, 카페 및 ID가 무엇인지 알아둔다.
- 온라인 게임은 규칙을 정해서 이용하도록 하고 아이템이나 계정 거래등에 대해 알아둔다.
- 부모의 주민등록번호, 신용카드번호 및 기타 비밀번호를 공개하지 않는다.

■ 해킹의 대응방안
- 백신 프로그램을 설치한다.
- 패스워드는 영문/숫자/특수기호 등을 조합하여 설정하고 주기적으로 변경한다.
- 정품 소프트웨어를 사용하고 출처가 확인되지 않은 프로그램은 설치하지 않는다.

컴퓨터 바이러스의 치료 및 대응법
- 사용하는 컴퓨터에는 백신 프로그램을 반드시 설치한다.
- 감염증상을 정확하게 파악하고 백신 프로그램을 실행하여 치료 방법을 찾아낸다.

인터넷의 역기능 방지
- 정보통신 윤리교육을 실시한다.
- 네티즌들이 정화활동에 적극적으로 참여한다.
- 인터넷 서비스 사업자의 책임의식을 강화한다.

인터넷 카페/블로그
- 공통적인 관심사를 가진 동호인과 친분을 쌓을 수 있다.
- 관심분야의 정보를 공유할 수 있다.
- 전문적인 지식을 얻을 수 있다.
- 필요한 정보를 스크랩할 수 있다.
- 1인 미디어로의 활용이 가능하다.
- 게시판과 방명록을 이용한 대화의 통로로 활용할 수 있다.

전자 메일
- 대용량의 파일을 전송하고자 할 때에는 분할 압축을 한 후 전송한다.
- 스팸메일이나 용량이 큰 폭탄메일은 전송하지 않는다.
- 송수신자는 ID나 비밀번호, 주민등록번호 등 개인정보를 철저히 관리한다.

스팸메일 차단 방법
- 메일 서비스 업체에서 제공하는 스팸 차단 서비스를 사용한다.
- 불법 스팸 대응센터에 신고한다.
- 스팸메일을 보낸 업체에 적극적으로 거부의사를 표시한다.

출제유형 02 정보화 사회의 역기능

정보화의 역기능
- 계층 간 정보의 빈익빈 부익부 현상 발생
- 개인의 사생활 침해 현상 증가
- 비인간화와 인터넷 관련 중독증상 발생
- 개인정보의 유출 및 사생활 침해 가능성

- 바이러스 유포 등 지능적 범죄 증가
- 음란물, 폭력물 등의 무질서한 유통

인터넷 범죄
- 전자우편을 이용하여 불특정 다수의 인터넷 사용자에게 동정심을 자극해 이익이나 재물을 취득하는 행위
- 메신저를 통해 친구로 가장하여 급하게 돈을 부탁하는 행위
- 게시판을 이용하여 인터넷 사용자들의 동정심을 자극해 이익이나 재물을 취득하는 행위
- 속이는 행위에 의한 개인정보 수집
- 인증기관 인증표시의 무단 표시, 판매, 진열
- 영리 목적 청소년유해매체물 미표시
- 보이스 피싱 및 스미싱

> **보이스 피싱의 예**
>
> ××텔레콤 안내원 김사기입니다. 고객님께서는 현재 휴대전화 사용요금을 6개월 이상 연체하시어 15분 후부터 전화를 사용하실 수 없습니다. 이에 안내 메시지를 보내드립니다. 이를 해결하고자 안내원과의 연결을 원하시는 경우 고객님의 휴대전화번호와 성명, 주민등록번호, 비밀번호를 입력하신 후 #과 '통화' 버튼을 눌러주시기 바랍니다.

게임/인터넷 중독
- 게임을 하지 않을 때에도 늘 게임에 관한 생각뿐이다.
- 과도한 게임으로 성적이 떨어지거나, 동료들로부터 불만을 듣는다.
- 현실과 게임공간을 구분하지 못할 때가 있다.
- 인터넷 사용이 중단되면 불안, 초조 등 금단현상이 나타난다.
- 종전보다 더 많이 접속해야 만족을 느끼는 등 사용시간이 길어진다.
- 컴퓨터에 대한 의존성이 심해진다.

게임/인터넷 중독의 효과적인 예방 방법
- 온라인 접속시간의 통계를 내고 이용 빈도를 비교해 본다.
- 인터넷 사용 패턴과 습관을 바꿔본다.
- 혼자 해결하기 힘들 때에는 가족이나 주위 사람에게 도움을 요청한다.

인터넷 저작권
- 저작자 : 원래의 저작물을 창작한 사람
- 저작인접권자 : 저작자가 창작한 창작물을 실연, 음반 또는 방송을 통해 일반 공중에게 전파하는 역할을 수행

- 저작권법에 의거하여 보호되는 저작물 : 소설, 시, 논문, 강연, 연설, 각본 그 밖의 어문저작물, 음악저작물, 지도, 도표, 설계도, 약도, 모형, 도형저작물, 상용소프트웨어 등
- 저작권 침해의 결과 : 창작 의욕의 저하, 장기적 사회비용 손실, 저작권의 법적 문제 야기

컴퓨터 바이러스의 증상
- 부팅 속도와 실행 시간이 평소보다 느려지는 등 시스템의 속도가 현저히 떨어졌다.
- 컴퓨터 프로그램이 실행되지 않으며 파일이 갑자기 사라졌다.
- 기본 메모리의 크기가 갑자기 줄어들고 파일의 용량도 달라졌다.

실전유형 다잡기

다음 문제를 읽고 올바른 답을 적어보세요.

실전다잡기 01

다음 중 그림의 (가)알약과 (나)V3의 공통적 기능으로 가장 적절한 것은?

① 윈도우 설치　　② 바이러스 예방　　③ 개인정보 인증　　④ 회원가입

실전다잡기 02

스마트폰 이용자가 아래 그림과 같은 문자를 받았을 때 URL을 클릭하면 발생할 수 있는 상황이 아닌 것은?

① 스마트폰 소액결제가 발생할 수 있다.
② 문자와 관계없는 사이트로 연결될 수 있다.
③ 전화 및 문자 기능에 문제가 발생한다.
④ 개인정보가 유출될 수 있다.

실전다잡기 03

메신저를 통해 아래 그림과 같은 내용을 받았을 때 주의할 사항으로 옳지 않은 것은?

① 전화 등을 통해 상대방을 다시 확인해야 한다.
② 메신저에 등록된 사람이 보냈다면 송금해도 된다.
③ 사이버 경찰청 등에 받은 내용을 신고한다.
④ 메신저에 등록된 다른 친구들에게 주의하도록 알린다.

실전다잡기 04

금융 업무를 사용하지 않는 컴퓨터에서 그림과 같은 메시지가 표시되었을 때 주의할 사항으로 옳지 않은 것은?

① 피싱 사이트로 접속될 수 있으니 주의해야 한다.
② 백신 프로그램을 이용하여 바이러스 등을 검색한다.
③ 공인된 기관이나 은행의 이름이 있으므로 염려하지 않아도 된다.
④ 출처가 불분명한 사이트는 접속하지 않는다.

실전다잡기 05

다음 중 그림의 (가)아이핀과 (나)공인인증서의 공통적 기능으로 가장 적절한 것은?

 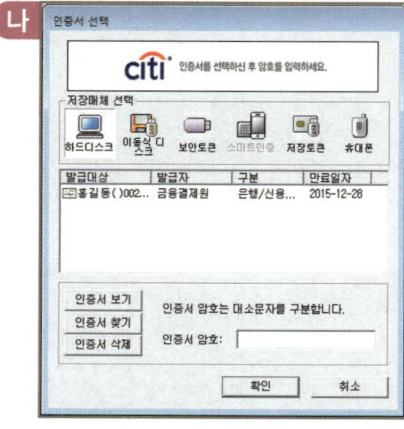

① 홈페이지 회원가입
② 인터넷 거래
③ 유해정보 대응
④ 개인정보 인증

실전다잡기 06

아래 이미지의 주요기능으로 옳지 않은 것은?

① 정보를 나타내는 매트릭스 형식의 이차원 바코드
② 명칭은 덴소 웨이브의 등록상표 Quick Response에서 유래
③ 숫자의 데이터로만 저장
④ 스마트폰에서 인식 가능

실전다잡기 07

해킹에 의한 컴퓨터 범죄를 예방하기 위한 대책으로 옳지 않은 것은?

① 다운로드 받은 프로그램은 백신으로 진단해 본 후 사용한다.
② 백신 프로그램을 설치하고, 자동 업데이트 기능을 설정한다.
③ 보호 패스워드를 시스템에 도입하고, 패스워드를 수시로 변경한다.
④ 의심이 가는 메일이나 호기심을 자극하는 표현이 담긴 메일은 열어 본 후 삭제한다.

실전다잡기 08

개인정보 및 프라이버시 침해의 대응 및 예방 방안으로 옳지 않은 것은?

① 가급적 예민한 개인정보는 이메일로 보내지 않는다.
② 개인정보가 침해당했을 때 적극적으로 신고하는 자세를 가진다.
③ 무료 경품제공 업체에는 개인정보의 상시 사용을 허용한다.
④ 개인정보를 요구받았을 때 상대방의 신분 및 목적을 확인하는 자세가 필요하다.

실전다잡기 09

컴퓨터 바이러스에 의한 피해 감소를 위한 예방법으로 옳지 않은 것은?

① 중요한 데이터는 반드시 백업저장을 해둔다.
② 최신 버전의 백신 프로그램을 설치하여 사용한다
③ 네트워크 공유 설정은 제한된 사용자에게 사용하게 한다.
④ 소프트웨어 공급자가 명확하지 않아도 다운로드를 잘하면 문제없다.

실전다잡기 10

게임중독의 대표적인 특징이 아닌 것은?

① 현실과 게임공간을 구분하지 못할 때가 있다.
② 게임시간을 언제든 자신의 의지대로 조절할 수 있다.
③ 게임을 하지 않을 때에도 늘 게임에 관한 생각뿐이다.
④ 혼자지내는 시간이 많고 약속을 잊는 경우가 많다.

실전다잡기 11

정보화 사회를 살아가는 구성원으로서 지켜야 할 행동 및 대처방안으로 옳지 않은 것은?

① 정보를 제공하고 활용함에 있어서 서로의 인권을 존중한다.
② 정보윤리의식을 고취하고 지적재산권에 대한 인식을 높인다.
③ 정보의 양적, 질적 팽창을 의하여 모든 정보는 개방하고 공유 한다.
④ 개인정보의 유출은 사회적으로 큰 피해를 야기할 수 있으므로 사전에 방지한다.

실전다잡기 12

저작권 침해에 해당되지 않는 것은?

① 새롭게 개정된 법률 조문을 인터넷에서 찾아 출력하였다.
② 내가 구입한 정품 프로그램을 공유할 목적으로 웹사이트에 올렸다.
③ 최신 유행하는 가요의 음악파일을 블로그의 배경음악으로 이용하고 있다.
④ 최신가요 CD를 정식으로 구입한 후, 오디오 파일로 변환하여 친구들에게 e-mail로 보내 주었다.

실전다잡기 13

올바른 인터넷 사용 문화로 옳지 않은 것은?

① 타인의 인권과 사생활을 존중하고 보호한다.
② 익명으로 활동하며, 자신의 ID는 가급적 노출하지 않는다.
③ 비속어나 욕설 사용을 자제하고, 바른 언어를 사용한다.
④ 사이버 공간에 대한 자율적 감시와 비판활동에 적극 참여한다.

실전다잡기 14

개인정보를 지키기 위한 방법으로 옳지 않은 것은?

① 금융거래 명세서를 버릴 때는 알아볼 수 없도록 파기한다.
② 경품이벤트 참여 시 개인정보 제공내용을 꼼꼼히 확인한다.
③ 인터넷뱅킹은 공용으로 사용하는 PC에서 가급적 사용한다.
④ 출처가 불명확한 이메일 메시지를 열지 않는다.

실전다잡기 15

개인정보 유출 피해 방지를 위한 방법으로 옳지 않은 것은?

① 비밀번호를 사용하는 서비스를 이용한 후에는 반드시 로그아웃을 한다.
② 홈페이지에 자세한 개인정보는 올리지 않는다.
③ ID를 도용당했다면 회원가입을 탈퇴하면 된다.
④ 개인정보가 들어간 ID는 쓰지 않는다.

실전다잡기 16

올바른 인터넷 사용 문화로 옳지 않은 것은?

① 타인의 지적재산권은 공유하여 사용하도록 노력한다.
② 건전한 정보를 제공하고 올바르게 사용한다.
③ 불건전한 정보를 배격하며 유포하지 않는다.
④ 타인의 정보를 보호하며, 자신의 정보도 철저히 관리한다.

02장. 일반 검색

Information Technology Qualification

합격전략 Go Go 씽~

01 인터넷 검색
02 URL과 정답 추출
03 답안 작성

 130점 배점 (500점 만점)
 ★★ 난이도
 10분 작성시간 (총 60분)

아는 것이 힘이다! 문제에서 요구하는 답안을 인터넷 정보 검색을 이용하여 찾고 그 정답과 URL을 기입하는 형태로 문제가 출제됩니다.

인터넷 검색(370점)

● **일반검색 I (각 10점)**

[문제3] 다음 제19회 부산국제영화제 수상 정보에 해당하는 영화의 이름을 <보기>에서 찾아 번호를 적으시오.(번호)

문제 3-1) KNN 관객상 ------------------------------------( )
문제 3-2) 부산시네필상 --------------------------------( )
문제 3-3) 시민평론가상 --------------------------------( )

<보기>

| ① 침묵의 시선 | ② 가디 |
| ③ 소셜포비아 | ④ 거인 |

● **일반검색 II (각 50점)**

[문제4] 홈페이지나 멤버십 등의 회원 가입 시 대상자로부터 사전 동의를 얻은 후 메일을 발송하는 방식으로 이 제도의 목적은 불특정 다수인에게 무작위로 보내지는 스팸메일을 규제하기 위함이다. 이 **용어**를 검색하시오(정답, URL).

[문제5] 기우제는 하지(夏至)가 지나도록 비가 오지 않아 가뭄 때에 비가 오기를 바라며 지내는 제사이다. 2014년 하지가 있는 달(月)의 강화도 기상관측소에서 측정한 **강수량(단위: mm) 합계**를 검색하시오(정답).

달인이 되려면

1. 검색 사이트에서 핵심적인 키워드를 입력하여 정답을 검색합니다.
2. 개인 홈페이지나 블로그, 지식 검색(예: 지식iN, 위키피디아 등)과 같이 개인사견이 들어 있는 사이트, 첨부파일은 정답으로 인정하지 않습니다.
3. 원하는 정답이 있는 곳의 URL을 추출합니다.

출제유형 바로바로 다잡기

01 [문제 3] 해결   02 [문제4], [문제5] 해결

출제유형 01 [문제 3] 해결

[문제 3]은 제시된 문제의 정답을 찾아 보기에서 번호만 기입하는 문제입니다. 검색 사이트에서 정답을 찾은 후 검색된 정답의 번호를 답안 파일에 입력합니다.

❶ 문제의 내용을 잘 읽은 후 인터넷 검색 사이트에서 주요 키워드를 입력하고 [검색] 단추를 클릭하거나 Enter 를 누릅니다.

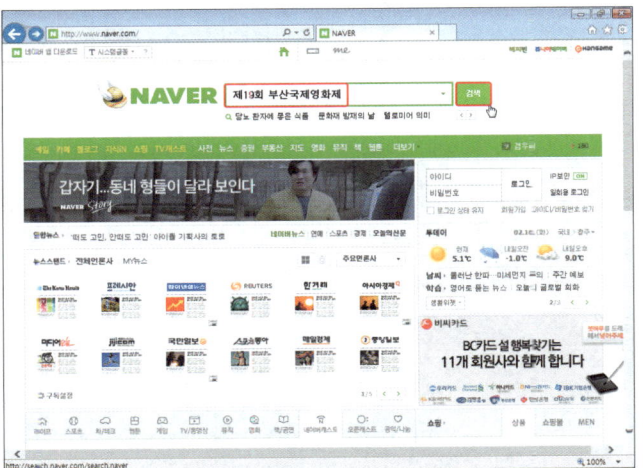

한걸음 더!
문제에서 중요한 단어를 고른 후 입력해야 합니다.

❷ 검색된 페이지의 내용을 확인하면 정답이 '가디' 라는 것을 알 수 있습니다.

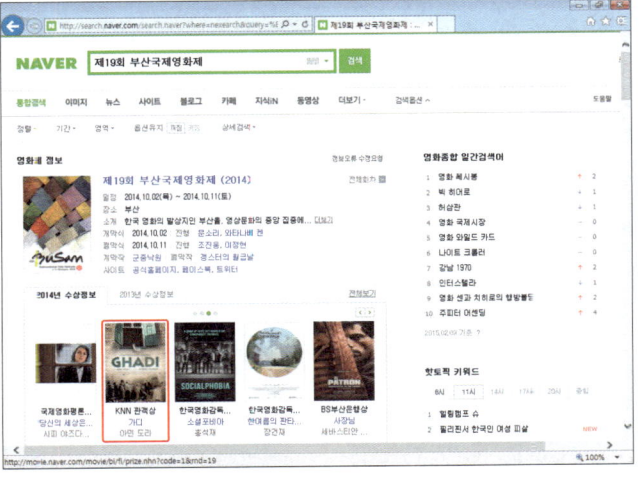

한걸음 더!
보기에 있는 답안 중에 정답이 있는지 확인합니다.

❸ 정답을 찾은 후 답안 파일에 정답의 번호를 입력합니다. 같은 방법을 이용하여 나머지 문제들의 정답을 찾아 입력합니다.

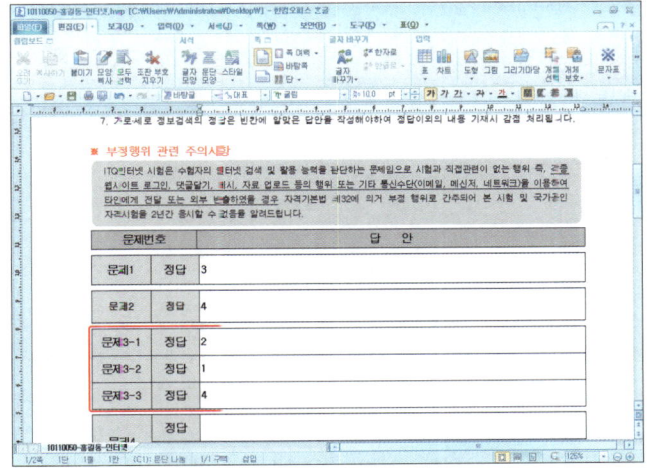

출제유형 02 [문제4], [문제5] 해결

[문제4]와 [문제5]는 제시된 문제의 답을 찾아 정답과 URL을 기입하는 문제입니다. 검색 사이트에서 정답을 찾은 후 검색된 정답과 URL을 답안 파일에 입력합니다.

❶ 문제의 내용을 잘 읽은 후 인터넷 검색 사이트에서 주요 키워드를 입력하고 [검색] 단추를 클릭하거나 Enter 를 누릅니다.

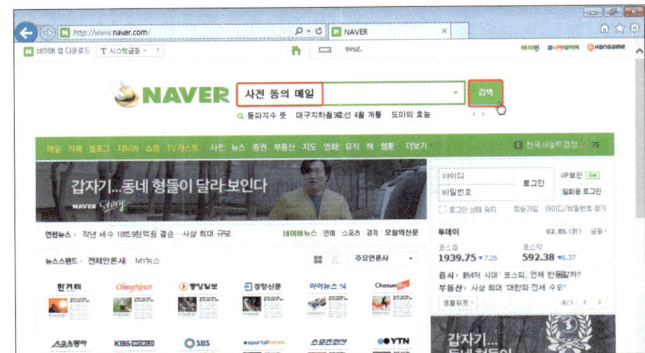

> **한 걸음 더!**
> 찾을 단어가 여러 개일 경우 띄어쓰기를 이용하여 검색합니다.

❷ 검색된 내용을 검색하면 정답이 'Opt-in'이라는 것을 알 수 있습니다. 정답이 있는 페이지를 정확하게 확인하기 위해 클릭합니다.

> **한 걸음 더!**
> 정답이 한글 또는 영문, 한문인 경우 하나만 입력해도 됩니다.

❸ 정답이 있는 페이지가 열리면 정답과 관련된 내용이 페이지에 있는지 다시 한 번 확인합니다. 내용이 많은 경우 웹 브라우저의 페이지 검색 기능을 이용하여 찾습니다.

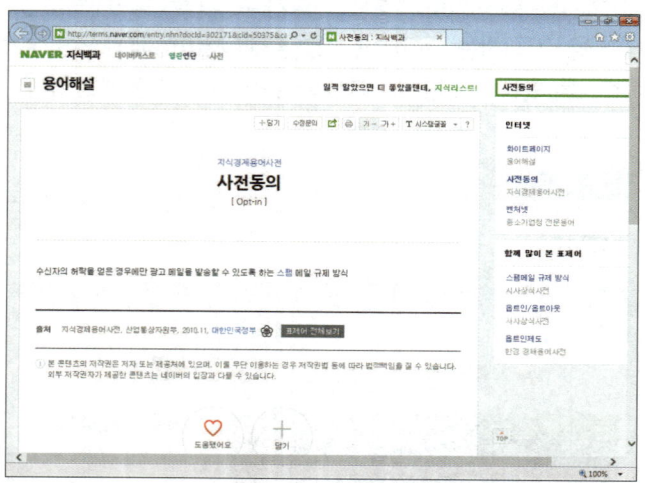

> **한 걸음 더!**
> 인터넷 익스플로러의 경우 Ctrl + F 를 눌러 검색할 수 있습니다.

❹ 정답이 있는 페이지의 URL을 복사하기 위해 페이지 위에서 마우스 오른쪽 버튼을 클릭하여 표시되는 메뉴에서 [속성]을 클릭합니다.

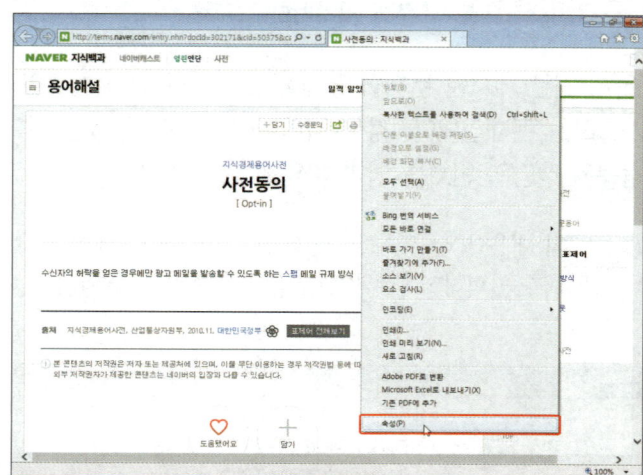

❺ [속성] 대화상자가 표시되면 [주소]를 드래그하여 블록 설정한 후 마우스 오른쪽 버튼을 클릭하여 표시되는 메뉴에서 [복사]를 클릭합니다.

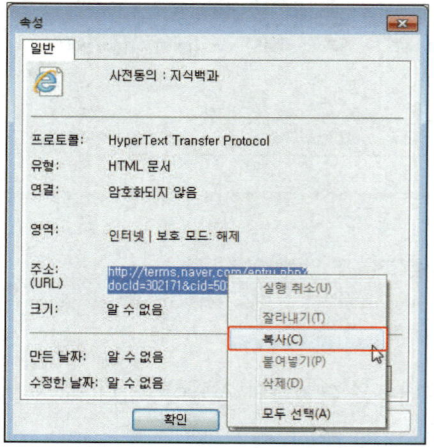

> **한 걸음 더!**
> 표시된 주소 전체가 선택되도록 주의하여 복사합니다.

❻ 정답 파일의 URL 입력란에 마우스 오른쪽 버튼을 클릭하여 표시되는 메뉴에서 [붙여넣기]를 클릭하여 입력합니다. 정답란에는 'Opt-in'을 입력합니다.

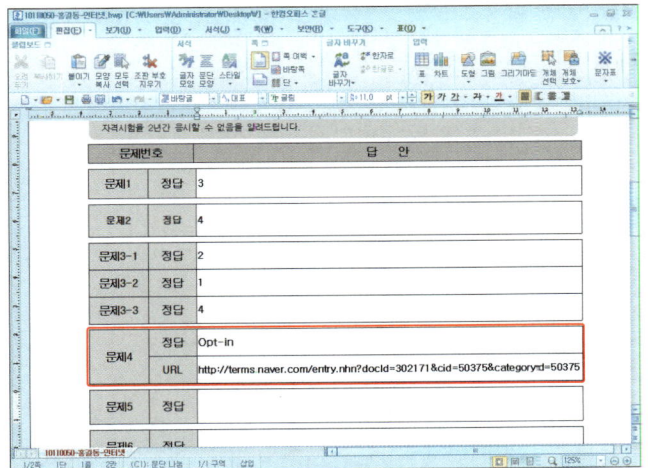

❼ 같은 방법을 이용하여 [문제5]의 정답을 검색한 후 정답을 답안 파일에 입력합니다.

실전유형 다잡기

다음 문제를 읽고 올바른 답을 적어보세요.

실전다잡기 01

다음 영화의 제목과 감독에 해당하는 〈보기〉의 번호를 답안지에 적으시오(번호).

문제 3-1) 라이언 일병 구하기 ·· (   )

문제 3-2) 비틀쥬스 ··· (   )

문제 3-3) 인터스텔라 ·· (   )

【보기】

① 팀 버튼   ② 일라이 로스   ③ 스티븐 스필버그
④ 크리스토퍼 놀란   ⑤ 제임스 건   ⑥ 차드 하디건

실전다잡기 02

다음 나라의 이름과 수도에 해당하는 〈보기〉의 번호를 답안지에 적으시오(번호).

문제 3-1) 고려 ··· (   )

문제 3-2) 발해 ··· (   )

문제 3-3) 금관가야 ·· (   )

【보기】

① 경주   ② 상경용천부   ③ 김해
④ 개경   ⑤ 금성

실전다잡기 03

다음 중요무형문화재 기능보유자 이름과 분야에 해당하는 〈보기〉의 번호를 답안지에 적으시오(번호).

문제 3-1) 고흥곤(高興坤) ·· (   )

문제 3-2) 김기찬(金基燦) ·· (   )

문제 3-3) 강전향(姜全香) ·· (   )

【보기】

① 악기장   ② 낙죽장   ③ 금박장
④ 각자장   ⑤ 망건장

실전다잡기 04

다음 유네스코가 지정한 한국의 무형유산과 등록연도에 해당하는 〈보기〉의 번호를 답안지에 적으시오(번호).

문제 3-1) 종묘제례 및 종묘제례악 ·· (   )

문제 3-2) 강릉 단오제 ·· (   )

문제 3-3) 강강술래 ·· (   )

【보기】

| ① 2001년 | ② 2003년 | ③ 2005년 |
| ④ 2007년 | ⑤ 2009년 | |

실전다잡기 05

다음 경기도에 소재한 산의 이름과 높이에 해당하는 〈보기〉의 번호를 답안지에 적으시오(번호).

문제 3-1) 계관산 ·· (   )

문제 3-2) 금박산 ·· (   )

문제 3-3) 광교산 ·· (   )

【보기】

| ① 774m | ② 730m | ③ 411m |
| ④ 582m | ⑤ 418m | |

실전다잡기 06

다음 국보의 이름과 종목 번호에 해당하는 〈보기〉의 번호를 답안지에 적으시오(번호).

문제 3-1) 경복궁 근정전 ·· (   )

문제 3-2) 창덕궁 인정전 ·· (   )

문제 3-3) 종묘 정전 ·· (   )

【보기】

| ① 제223호 | ② 제224호 | ③ 제225호 |
| ④ 제226호 | ⑤ 제227호 | |

Information Technology Qualification 인터넷

실전다잡기 07

다음 우리나라의 유명한 인물과 태어난 해에 해당하는 〈보기〉의 번호를 답안지에 적으시오(번호).

문제 3-1) 신사임당(申師任堂)·· (   )

문제 3-2) 허준(許浚) ·· (   )

문제 3-3) 이순신(李舜臣)··· (   )

【보기】

| ① 1545년 | ② 1521년 | ③ 1539년 |
| ④ 1504년 | ⑤ 1563년 | |

실전다잡기 08

다음 멸종위기 야생생물의 구분과 전체 지정된 종수에 해당하는 〈보기〉의 번호를 답안지에 적으시오(번호).

문제 3-1) 계곤충류 ·· (   )

문제 3-2) 양서류 ·· (   )

문제 3-3) 육상식물··· (   )

【보기】

| ① 77종 | ② 22종 | ③ 4종 |
| ④ 3종 | ⑤ 20종 | |

실전다잡기 09

〈산업재해 예방 : 과학적 접근〉이라는 책에서 소개된 통계적 법칙으로 산업재해가 발생하여 중상자가 1명 나오면 그 전에 같은 원인으로 발생한 경상자가 29명, 같은 원인으로 부상을 당할뻔한 잠재적 부상자가 300명이 있었다는 사실이다. 이 법칙의 <u>이름</u>을 검색하시오(정답, URL).

실전다잡기 10

LED 전구에서 나오는 빛의 파장을 이용하여 기존 광대역 통신망보다 빠른 전송속도를 구현하는 기술로 와이파이(Wi-Fi)를 대체할 미래 통신기술로 주목받고 있다. 2011년 해럴드 하스 교수가 처음 제안한 이 기술의 **용어**를 검색하시오(정답, URL).

실전다잡기 11

기존의 조명 시스템의 구성 요소인 전극, 필라멘트, 수은을 사용하지 않고, 무전극의 유리구(bulb)에 고주파를 입사하여 플라즈마를 발생시키고, 이로부터 가시광선이 방출되는 원리를 응용한 조명 장치를 **무엇**이라 하는지 검색하시오(정답, URL).

실전다잡기 12

인간이 하는 행동을 흉내 내도록 만들어진 프로그램을 의미하는 것으로 사용자의 컴퓨터에 몰래 잠입해 있다가 해커의 조정에 따라 시스템을 감염시키는 악성 원격제어 프로그램인 이 **용어**를 검색하시오(정답, URL).

실전다잡기 13

네트워크 관리자가 외부에서도 시스템을 점검할 수 있도록 빈틈을 만들어둔 데서 시작된 용어이나 최근에는 허가받지 않은 사용자가 네트워크에 들어갈 수 있을 만큼 해킹에 취약한 부분을 일컫는 말로 쓰이는 이 **용어**를 검색하시오(정답).

실전다잡기 14

2012년에는 어린이 보호구역 지정대상 18,706개소에서 지정된 곳은 15,136개소로 지정비율이 80.9%로 감소하였다. 통계청 e-나라지표에서 2012년도 초등학교의 어린이 보호구역 **지정현황**(단위: 개교)을 검색하시오(정답).

실전다잡기 15

입춘(立春)은 24절기 중의 하나로, 정월(正月)의 절기이다. 봄이 시작하는 날이라 하여 입춘이라는 이름이 붙었다. 서귀포기상대 관측 기준 2013년 입춘의 <u>최고기온</u>(단위:℃)을 검색하시오(정답).

실전다잡기 16

표준지공시지가란 국토교통부장관이 토지이용상황이나 주변환경 기타 자연적·사회적 조건이 일반적으로 유사하다고 인정되는 일단의 토지중에서 선정한 표준지에 대하여 매년 공시기준일의 단위면적당 가격(원/ m^2)을 말한다. '세종특별자치시 어진동 104-32, 대지, 면사무소 서측 인근'의 <u>**2013년도 표준지공시지가**</u>(단위:원/m^2)를 검색하시오(정답).

실전다잡기 17

북한의 에너지 공급은 수력과 화력 발전에 의존하고 있으며 그중 화력 발전은 북한에서 풍부하게 생산되는 석탄의 의존 비율이 높다. 통계청(국가통계포털)에서 2012년 북한의 <u>**화력 발전 전력량**</u>(단위: 억kWh)을 검색하시오(정답).

실전다잡기 18

'코픽스'(COFIX)는 국내 9개 은행(정보제공은행)들이 제공한 자금조달 관련 정보를 기초로 하여 산출되는 자금조달비용지수이다. 2014년 1월(공시 일: 2014년 2월 17일)의 신규취급액 기준 <u>**COFIX(단위: %)**</u>를 검색하시오(정답).

03장. 퍼즐 정보 검색

합격전략 Go Go 씽~

01 인터넷 정보검색
02 퍼즐 완성
03 답안 작성

인터넷을 검색하여 가로/세로 퍼즐에 정답을 입력하는 문제가 출제되고 있습니다. 올바른 정답을 검색하고 퍼즐의 정답을 입력하는 방법을 알아보겠습니다.

● **가로·세로 정보검색 (각 30점)**

아래 각 문제의 설명을 읽고 가로·세로에 알맞은 단어를 답안에 기재하시오(정답).

[문제6] (세로) '소가 길게 우는 소리'를 이르는 **우리말**을 검색하시오.

[문제7] (가로) '모래 위에 세운 크고 아름다운 집'이라는 뜻으로, 기초가 튼튼하지 못하여 오래가지 못할 일이나 사물을 비유적으로 이르는 말의 **사자성어**를 검색하시오.

[문제8] (세로) 경복궁에서 왕이 나랏일을 보던 편전의 중심 건물로 좌우에는 만춘전과 천추전이 함께 편전을 이루고 있다. 보물 문화재로 지정되어 있는 이곳의 **이름**을 검색하시오.

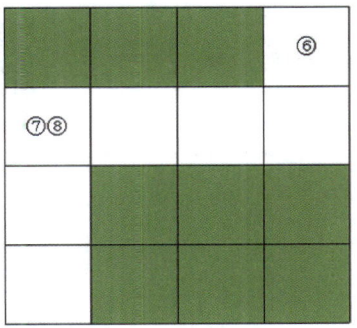

달인이 되려면

1 검색 사이트에서 문제에서 요구하는 정답을 찾습니다.
2 퍼즐의 가로/세로에 겹치는 글자를 이용하면 좀 더 쉽게 문제를 풀 수 있습니다.

출제유형 바로바로 다잡기

01 [문제6] 해결   02 [문제7] 해결   03 [문제8] 해결   04 답안 작성

출제유형 01 [문제6] 해결

[문제6]은 퍼즐 검색 문제의 첫 번째 정답을 구하는 문제입니다. 정답의 겹치는 글자를 이용하여 다른 문제를 푸는데 도움이 되므로 정확한 정답을 구해야 합니다.

❶ 문제의 내용을 잘 읽은 후 검색 사이트에서 주요 키워드를 입력한 후 [검색] 단추를 클릭합니다.

❷ 검색된 내용을 확인하면 정답이 '영각' 이라는 것을 확인할 수 있습니다.

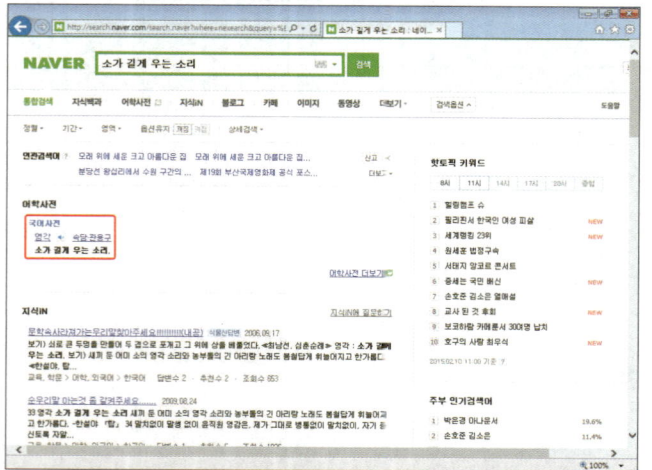

한걸음 더!
퍼즐 입력란 개수와 맞는 정답인지 확인하면서 검색합니다.

❸ 퍼즐의 6번 문제 부분에 '영각' 을 적습니다.

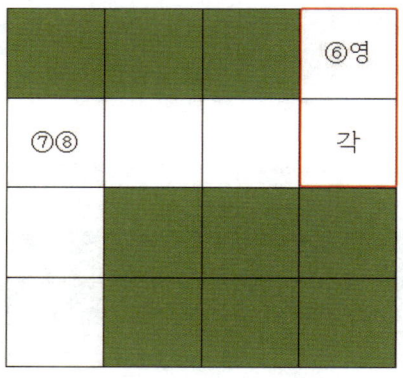

한걸음 더!
문제지나 메모장에 적어두면 답안 파일에 기록하기 편리합니다.

출제유형 02 [문제7] 해결

[문제7]은 퍼즐 검색 문제의 두번째 정답을 구하는 문제입니다. 검색한 첫 번째 정답의 겹치는 글자를 이용하면 정확한 정답을 쉽게 구할 수 있습니다.

❶ 문제의 내용을 잘 읽은 후 검색 사이트에서 주요 키워드를 입력한 후 [검색] 단추를 클릭합니다.

❶ 문제의 내용을 잘 읽은 후 검색 사이트에서 주요 키워드를 입력한 후 [검색] 단추를 클릭합니다.

❷ 검색된 내용을 확인하면 정답이 '사정전'이라는 것을 확인할 수 있습니다.

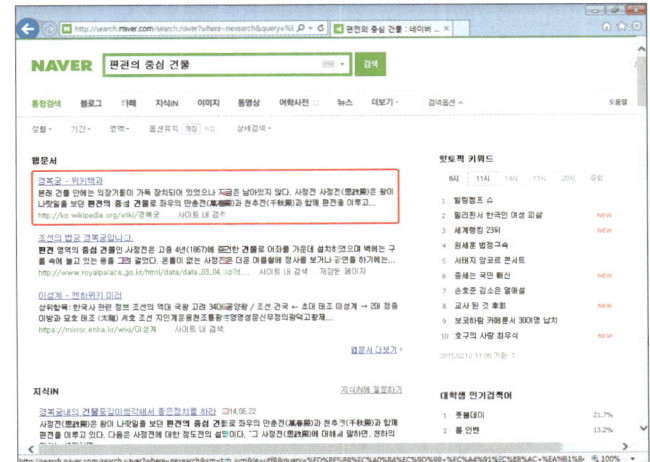

❸ 퍼즐의 8번 문제 부분에 '사정전'을 적습니다. 다른 정답과 겹치는 부분이 일치하는지 확인합니다.

❷ 검색된 내용을 확인하면 정답이 '사상누각'이라는 것을 확인할 수 있습니다.

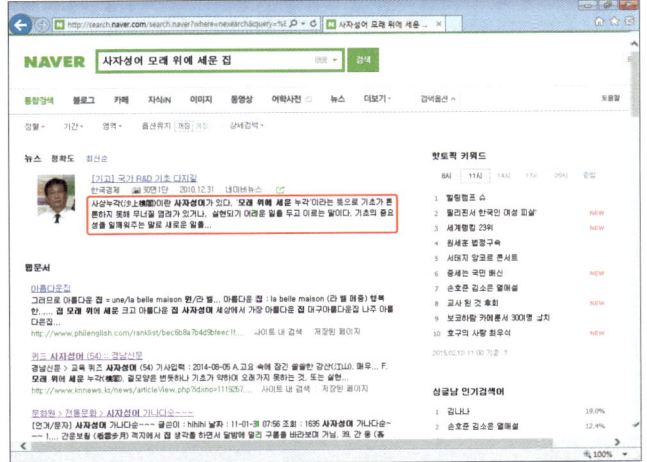

❸ 퍼즐의 7번 문제 부분에 '사상누각'을 적습니다. [문제6]의 정답과 겹치는 부분이 일치하는지 확인합니다.

한걸음 더!
이전에 찾은 정답과 겹치는 부분의 글자가 들어있는 정답을 찾습니다.

출제유형 03 [문제8] 해결

[문제8]은 퍼즐 검색 문제의 세번째 정답을 구하는 문제입니다. 검색한 정답들의 겹치는 글자를 이용하면 정확한 정답을 쉽게 구할 수 있습니다.

출제유형 04 답안 작성

퍼즐 정보검색의 정답을 정답 파일에 입력하는 방법을 알아보겠습니다.

❶ [문제6], [문제7], [문제8]에서 구한 정답을 정답 파일에 입력합니다.

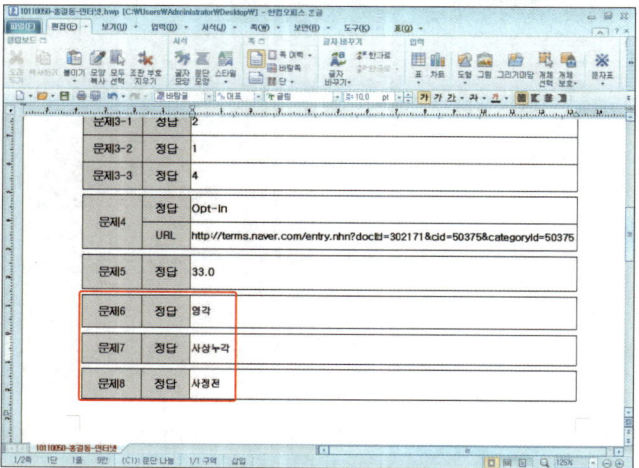

실전유형 다잡기

아래 각 문제를 읽고 퍼즐의 가로/세로에 해당하는 정답을 찾아 기재하시오.

실전다잡기 01

※ 아래 각 문제의 설명을 읽고 가로·세로에 알맞은 단어를 답안에 기재하시오(정답).

[문제6] (세로) '미망에서 돌아 나와 깨달음을 얻자' 라는 뜻으로, 속임과 거짓됨에서 벗어나 세상을 밝게 보자는 의미의 **사자성어**를 검색하시오.

[문제7] (가로) 여러 사람이 둘러싸고 다투며 승강이를 하는 짓을 의미하는 **우리말**을 검색하시오.

[문제8] (세로) 알렉산더 뒤마의 소설을 배경으로 만들어진 오페라로 1948년 명동 시공관에서 초연된 우리나라 최초의 오페라 **공연작**(작품명)을 검색하시오.

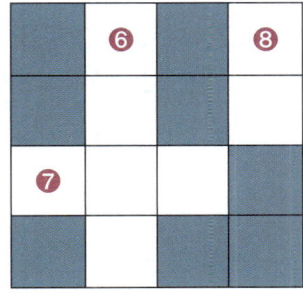

실전다잡기 02

※ 아래 각 문제의 설명을 읽고 가로·세로에 알맞은 단어를 답안에 기재하시오(정답).

[문제6] (세로) '춘추좌전'에 나오는 말로, 묵은 것을 제거하고 새로운 것을 펼쳐낸다는 말의 **사자성어**를 검색하시오.

[문제7] (가로) 글을 잘 이해하는 지혜나 능력을 의미하는 **우리말**을 검색하시오.

[문제8] (세로) 판소리 가객(歌客)들이 득음(得音)하기 위해 토굴 또는 폭포 앞에서 하는 발성훈련을 **무엇**이라 하는지 검색하시오.

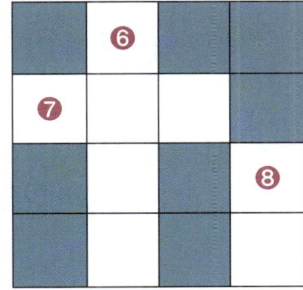

실전다잡기 03

※ 아래 각 문제의 설명을 읽고 가로·세로에 알맞은 단어를 답안에 기재하시오(정답).

[문제6] (가로) '백성과 함께 즐기다' 라는 뜻으로, 위정자와 국민이 더불어 즐기는 것이 태평성대의 참모습이란 의미의 **사자성어**를 검색하시오.

[문제7] (세로) '비나 눈이 오는 날 잠깐 났다가 숨어 버리는 볕'을 의미하는 **우리말**을 검색하시오.

[문제8] (가로) 당해 결산 기준일이 경과하여 배당금을 받을 권리가 없어진 상태를 **무엇**이라 하는지 검색하시오.

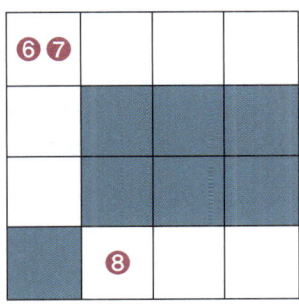

03장 퍼즐 정보 검색

실전다잡기 04

※ 아래 각 문제의 설명을 읽고 가로·세로에 알맞은 단어를 답안에 기재하시오(정답).

[문제6] (가로) '탁한 것은 나가고 맑은 기운이 들어온다' 라는 뜻으로, 사람들에게 해가 되는 악을 제거하고 선함을 가져온다는 의미의 **사자성어**를 검색하시오.

[문제7] (세로) 어떤 일을 하는 데에 권세 있는 사람에게 부탁(청탁)하여 그 힘을 빌리는 일을 의미하는 **우리말**을 검색하시오.

[문제8] (가로) 잎은 선형으로 길며, 잎 가장자리는 밋밋한 한려해상공원의 **깃대종**을 검색하시오.

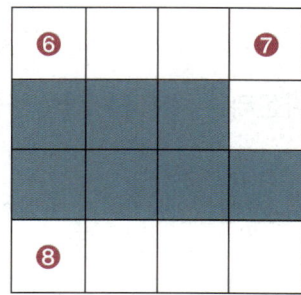

실전다잡기 05

※ 아래 각 문제의 설명을 읽고 가로·세로에 알맞은 단어를 답안에 기재하시오(정답).

[문제6] (세로) '몸을 웅크리고 자는 잠' 을 의미하는 **우리말**을 검색하시오.

[문제7] (가로) '도끼를 갈아 바늘을 만든다' 는 뜻으로, 아무리 이루기 힘든 일도 끊임없는 노력과 끈기있는 인내로 성공하고야 만다는 뜻의 **사자성어**(고사성어)를 검색하시오.

[문제8] (세로) 함경남도 안변군과 문천군의 경계에 있는 고개로 이곳에 스키장이 건설되었다. 이곳의 **이름**을 검색하시오.

실전다잡기 06

※ 아래 각 문제의 설명을 읽고 가로·세로에 알맞은 단어를 답안에 기재하시오(정답).

[문제6] (세로) 명심보감 치정편에 나오는 말로 '위에 있는 푸른 하늘은 속이기 어렵다' 는 의미의 **사자성어**를 검색하시오.

[문제7] (가로) 사람이나 동물의 창자를 낮잡아 이르는 말의 **우리말**을 검색하시오.

[문제8] (세로) 지구 온난화 현상으로 수온이 올라가면 산호말과 같은 조류가 퍼지면서 바다 밑바닥에 하얗게 생긴 사막화현상을 **무엇**이라 하는지 검색하시오.

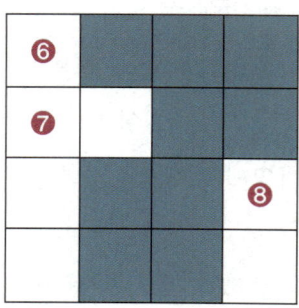

실전다잡기 07

※ 아래 각 문제의 설명을 읽고 가로·세로에 알맞은 단어를 답안에 기재하시오(정답).

[문제6] (세로) '높고 낮음이 없다'는 뜻으로 더 낫고 더 못함의 차이가 거의 없음을 의미하는 **사자성어**를 검색하시오.

[문제7] (가로) 목조 기와집의 추녀 끝을 장식하는 무늬가 새겨진 기와로 각 시대와 지역에 따라 문양이 다양하고 제작수법이 다르기 대문에 당시의 문화를 이해하는 데 중요한 자료가 된다. 이 기와의 **이름**을 검색하시오.

[문제8] (세로) 어떤 일이 될 뻔하다가 아니 된 사람을 놀림조로 이르는 의미의 **우리말**을 검색하시오.

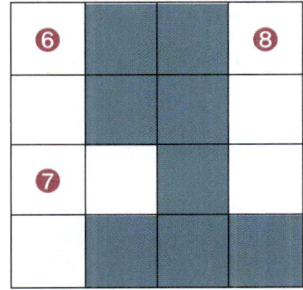

실전다잡기 08

※ 아래 각 문제의 설명을 읽고 가로·세로에 알맞은 단어를 답안에 기재하시오(정답).

[문제6] (세로) '음식물에 생긴 구더기'를 의미하는 **우리말**을 검색하시오.

[문제7] (가로) 가톨릭에서 성덕이 높은 이가 선종하면 일정한 심사를 거쳐 성인의 전 단계로 추대하는 것을 **무엇**이라 하는지 검색하시오.

[문제8] (가로) '봄이면 새가 깊은 산골짜기에서 나와 높은 나무 위에 올라 앉는다'는 뜻으로, 사람의 출세를 비유해 이르는 말의 **사자성어**를 검색하시오.

04장. 실용 검색

합격전략 Go Go 씽~

01 인터넷 정보검색 02 이미지 캡처와 삽입/크기 조절
03 답안 작성

150점 배점 (500점 만점) | 난이도 | 15분 작성시간 (총 60분)

아는 것이 힘이다!

생활에서 자주 찾게되는 정보를 검색한 후 이미지로 캡처하여 정답 파일에 삽입하는 1문제와 검색한 정답을 입력하는 2문제가 출제됩니다.

● **실용검색(각 50점)**

[문제9] 지하철 노선 경로찾기 서비스(포털 및 전문 검색사이트)를 이용하여 서울 **경복궁역**에서 **역삼역**을 지하철로 가는 경로를 찾아 전체화면을 캡처하여 답안파일에 붙여 넣으시오. (이미지 크기 150 x 100)

[문제10] 분당선은 서울 성동구의 왕십리역과 수원시 팔달구의 수원역을 잇는 한국철도공사의 철도 노선으로 당초 서울 강남구와 경기도 성남시 분당구를 이을 목적으로 건설되었으나, 순차적인 구간 연장으로 수원과 왕십리 지역을 잇는 노선이 되었다. 분당선 왕십리에서 수원 구간의 **운임**(성인 교통카드 기준)을 검색하시오(정답).

[문제11] 유엔 전자정부평가는 전자정부 발전수준 비교를 통하여 글로벌 전자정부 협력 촉진과 국가경쟁력 강화를 유도하기 위하여 실시되어 오고 있는 것으로, 2014년 전자정부 평가 결과에서 우리나라가 종합 1위를 달성하였다. 우리나라가 2014년 유엔 전자정부평가에서 6위를 한 **부문**을 검색하시오(정답).

달인이 되려면

1 지정한 사이트에서 문제에 해당하는 정보를 찾습니다.
2 검색한 결과를 캡처한 후 이미지를 답안 파일에 지정한 크기에 맞게 삽입합니다.
3 검색 사이트에서 핵심 키워드를 이용하여 정답을 찾습니다.

출제유형 바로바로 다잡기

01 [문제9] 해결   **02** [문제10], [문제11] 해결

출제유형 01 [문제9] 해결

[문제9]는 문제에서 제시한 검색 사이트 또는 서비스를 이용하여 정답을 찾은 후 화면을 캡처하여 이미지를 답안 파일에 삽입해야 합니다.

❶ 문제의 내용을 잘 읽은 후 검색 사이트에서 '길찾기'를 입력하여 검색합니다.

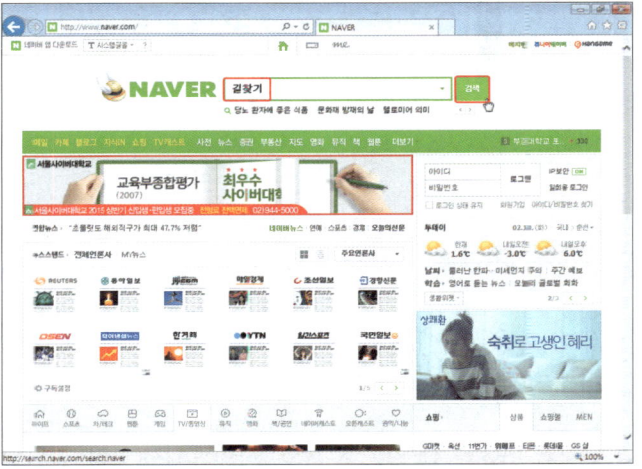

한걸음 더!
네이버, 다음 등의 검색 사이트에서 길찾기 서비스를 제공합니다.

❷ 빠른길찾기 정보가 표시되면 문제에서 제시한 출발지와 도착지를 입력하고 찾을 방식을 선택한 후 [길찾기 시작] 단추를 클릭합니다.

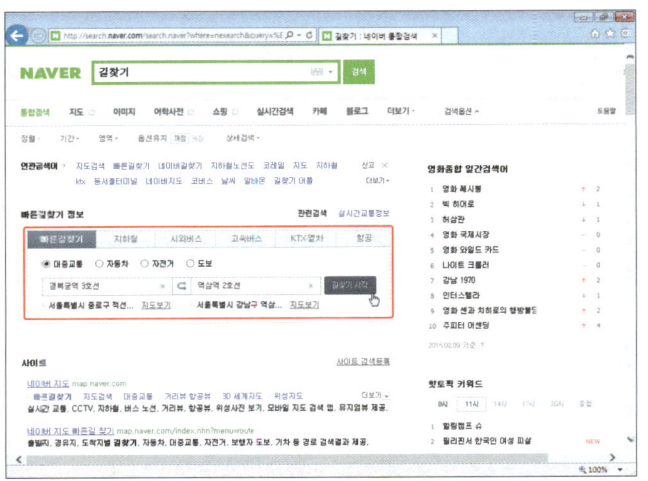

한걸음 더!
찾으려는 곳의 이름이 다르면 주변 위치를 확인하고 선택합니다.

❸ 검색한 결과가 표시되면 그림과 같이 경로가 표시되도록 크기를 조절한 후 이미지를 캡처하기 위해 Print Screen 를 누릅니다.

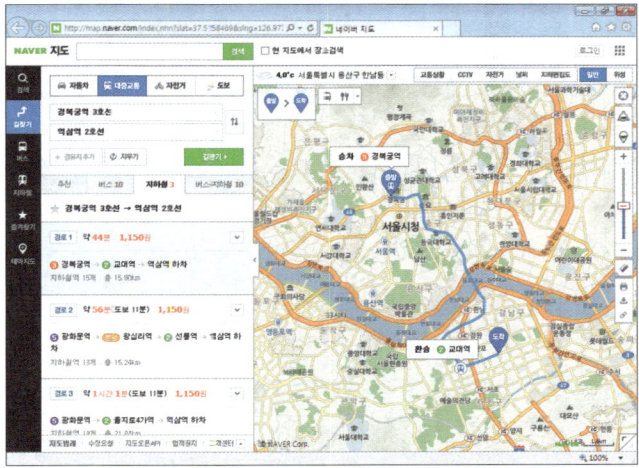

❹ 답안 파일에 캡처한 이미지를 삽입하기 위해 삽입할 위치에 커서를 위치한 후 Ctrl + V 를 눌러 붙여넣습니다.

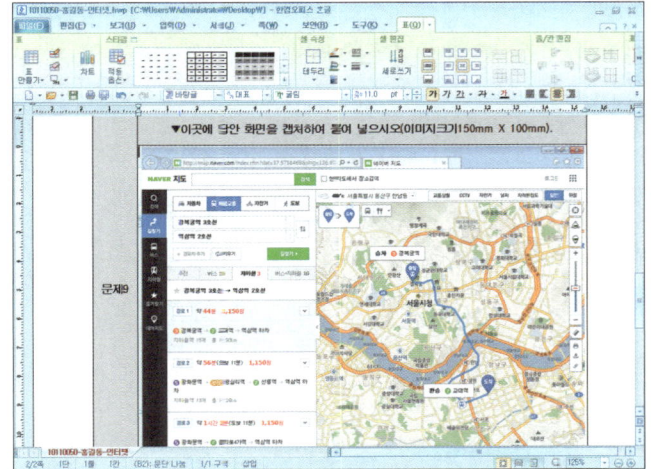

❺ 이미지가 삽입되면 지시사항에 맞는 크기로 바꾸기 위해 이미지 위에서 마우스 오른쪽 버튼을 클릭하여 표시되는 메뉴에서 [개체 속성]을 선택합니다.

❻ [개체 속성] 대화상자가 표시되면 [기본] 탭의 [크기]에서 [너비]는 '150mm', [높이]는 '100mm'를 입력한 후 [설정] 단추를 클릭합니다.

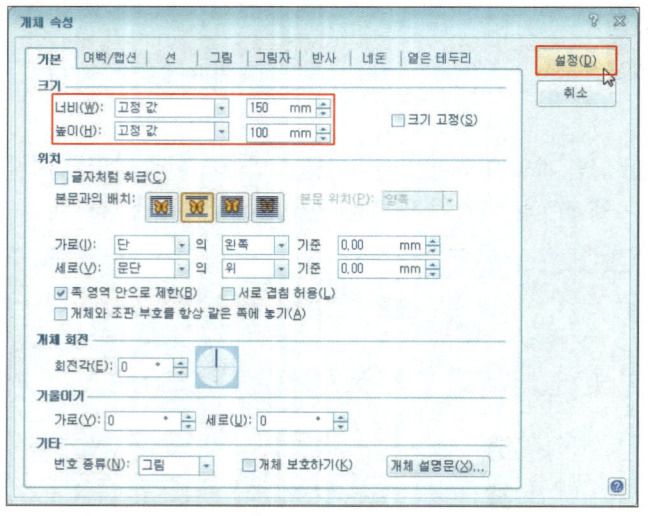

❼ 설정한 크기에 맞게 이미지 너비와 높이가 조절된 것을 확인할 수 있습니다.

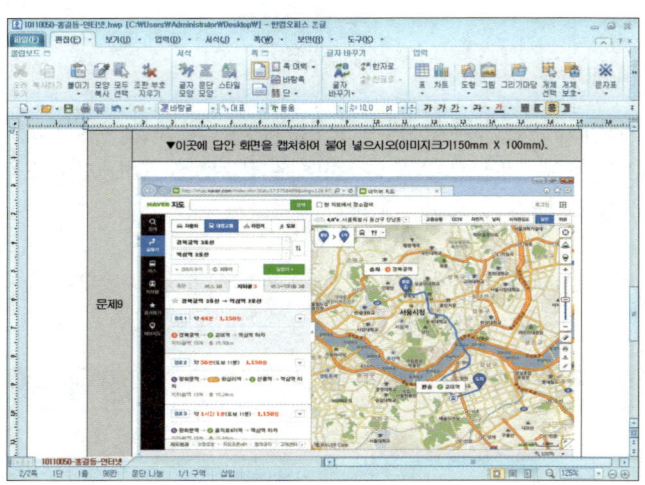

출제유형 02   [문제10], [문제11] 해결

[문제10]과 [문제11]은 주어진 문제를 검색한 후 정답을 답안 파일에 넣으면 됩니다.

❶ 문제의 내용을 잘 읽은 후 검색 사이트에서 주요 키워드를 입력한 후 [검색] 단추를 클릭합니다. 검색된 내용을 자세히 확인하기 위해 [수도권 노선도 크게보기]를 클릭합니다.

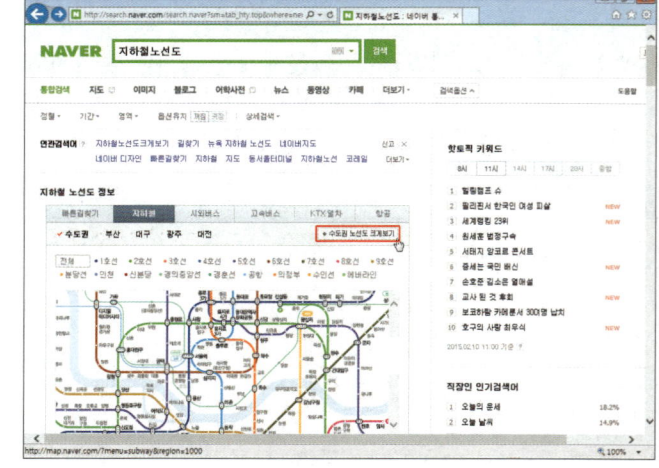

❷ 지하철 노선도가 표시되면 출발에는 '왕십리역', 도착에는 '수원역'을 선택합니다. 화면 왼쪽에 카드요금이 '1,750원'이라는 것을 알 수 있습니다.

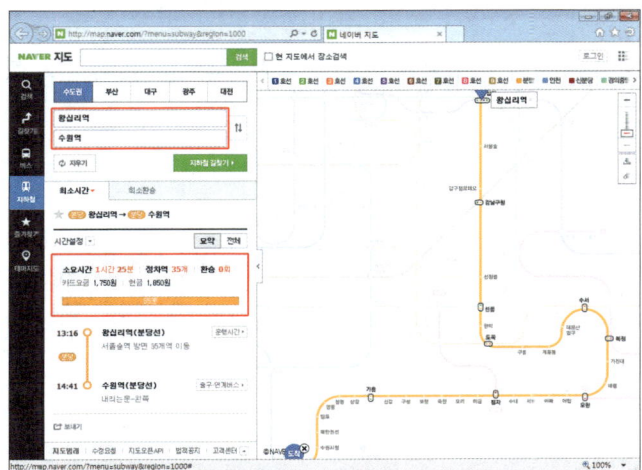

❸ 답안 파일에 정답을 입력하거나 복사한 후 붙여 넣습니다. 같은 방법을 이용하여 [문제11]를 해결한 후 정답을 답안 파일에 입력합니다.

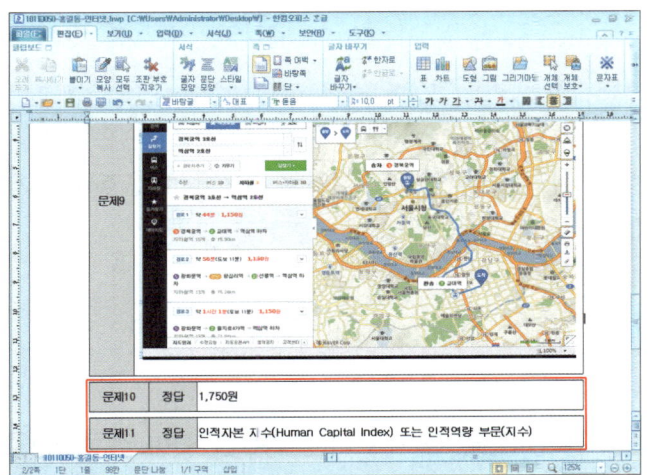

실전유형 다잡기

아래 각 문제를 읽고 해당하는 정답을 찾아 답안 파일에 이미지를 캡처하여 넣거나 정답을 기재하시오.

실전다잡기 01

길찾기 서비스(포털 및 전문 검색사이트)를 이용하여 **세종문화회관**에서 **경희궁**을 도보로 가는 경로를 찾아 전체화면을 캡처하여 답안파일에 붙여 넣으시오. (이미지 크기 150 x 100)

실전다잡기 02

길찾기 서비스(포털 및 전문 검색사이트)를 이용하여 **동인천역**에서 **인천국제여객터미널**을 대중교통으로 가는 경로를 찾아 전체화면을 캡처하여 답안파일에 붙여 넣으시오. (이미지 크기 150 x 100)

실전다잡기 03

길찾기 서비스(포털 및 전문 검색사이트)를 이용하여 **독립기념관**에서 **한민족역사문화공원**을 도보로 가는 경로를 찾아 전체화면을 캡처하여 답안파일에 붙여 넣으시오. (이미지 크기 150 x 100)

실전다잡기 04

길찾기 서비스(포털 및 전문 검색사이트)를 이용하여 **대포항**에서 **설악동야영장**을 자전거로 가는 경로를 찾아 전체화면을 캡처하여 답안파일에 붙여 넣으시오. (이미지 크기 150 x 100)

실전다잡기 05

길찾기 서비스(포털 및 전문 검색사이트)를 이용하여 **종묘**에서 **흥인지문**을 도보로 가는 경로를 찾아 전체화면을 캡처하여 답안파일에 붙여 넣으시오. (이미지 크기 150 x 100)

실전다잡기 06

길찾기 서비스(포털 및 전문 검색사이트)를 이용하여 **국립민속박물관**에서 **운현궁**을 도보로 가는 경로를 찾아 전체화면을 캡처하여 답안파일에 붙여 넣으시오. (이미지 크기 150 x 100)

실전유형 다잡기

실전다잡기 07

길찾기 서비스(포털 및 전문 검색사이트)를 이용하여 **홍대입구역**에서 **종각역**을 대중교통으로 가는 경로를 찾아 전체화면을 캡처하여 답안파일에 붙여 넣으시오. (이미지 크기 150 x 100)

실전다잡기 08

길찾기 서비스(포털 및 전문 검색사이트)를 이용하여 **뚝섬한강공원**에서 **서울숲**을 도보로 가는 경로를 찾아 전체화면을 캡처하여 답안파일에 붙여 넣으시오. (이미지 크기 150 x 100)

실전다잡기 09

길찾기 서비스(포털 및 전문 검색사이트)를 이용하여 **부산시민공원**에서 **부산어린이대공원**을 자전거로 가는 경로를 찾아 전체화면을 캡처하여 답안파일에 붙여 넣으시오. (이미지 크기 150 x 100)

실전다잡기 10

길찾기 서비스(포털 및 전문 검색사이트)를 이용하여 **마두역**에서 **일산호수공원**을 도보로 가는 경로를 찾아 전체화면을 캡처하여 답안파일에 붙여 넣으시오. (이미지 크기 150 x 100)

실전다잡기 11

서울역에서 2014년 3월 9일 05시 30분에 출발하는 부산행 열차의 신경주역 **도착 예정시간**을 검색하시오(정답).

실전다잡기 12

징병검사는 군대에 복무하기 전에 군복무에 적합한 지 부적합한 지를 선발하는 절차로 매년 지방병무청에서 실시하고 있다. 2014년 제주지방병무청에서의 **징병검사 수검기간(○○월○○일~○○월○○일)**을 검색하시오(정답).

실전다잡기 13

전주국제영화제는 대한민국 전라북도 전주시에서 개최되는 국제영화제로 부문경쟁을 도입한 비경쟁 국제영화제로 기존 영화적 관습에 얽매이지 않는 다양한 영화를 즐길 수 있는 영화제를 지향하고 있다. 2013년도 전주국제영화제 한국단편경쟁부문 대상 수상작의 **작품명**을 검색하시오(정답).

실전다잡기 14

'문화가 있는 날'은 전국 문화시설의 문턱을 낮추고 국민 생활 속 문화 향유를 확산하기 위해 시행하는 제도로 이 날은 전국의 주요 문화시설을 할인 또는 무료로 이용할 수 있다. 2014년 3월의 문화가 있는 날은 **언제(월일)**인지 검색하시오(정답).

실전다잡기 15

산림청 국립산림과학원에서는 숲을 통한 국내 탄소중립운동의 홍보를 위하여 '탄소나무계산기+'를 개발하였다. 한 사람이 국내항공을 이용하여 김포에서 제주를 일반석으로 왕복했을 경우, 이산화탄소(CO_2)의 **배출량(kg)**을 계산하시오(정답).

실전다잡기 16

선거일 전, 후 50일에는 보궐선거를 할 수 없다는 규정에 의해 2014년 4월 재.보궐 선거는 6월 4일 전국동시지방선거로 인해 날짜가 연기되었다. 2014년 첫 번째 **재.보궐 선거일(월일)**을 검색하시오(정답).

실전다잡기 17

국민연금공단에서는 사회보험(4대 보험)을 간편하게 계산할 수 있는 계산기를 제공하고 있다. 사업장 가입자인 근로자 신고소득월액이 2,700,000원일 경우 연금보험료의 근로자 부담금은 **얼마(단위:원)**인지 구하시오(정답).

실전다잡기 18

'조선왕릉'은 우리나라의 유교적인 문화 전통이 확고하게 드러나는 문화유산으로 전체 42기 가운데 북한에 있는 2기를 제외하고 우리나라에 있는 40기 모두가 세계문화유산에 등재되었다. 조선왕릉 중 태조왕비(신덕왕후)의 **능호**를 검색하시오(정답).

실전다잡기 19

수교란 국가 사이에 교제를 맺는 것으로, 공식적으로 정치, 경제, 사회, 문화 등 다양한 분야에서 협력 관계를 이룬다는 것에 그 의미가 있다. 유럽에 있는 유엔 가입 회원국 중에서 대한민국 **미수교국(국가명)**을 검색하시오(정답).

실전다잡기 20

제주올레가 도내 해안을 모두 잇는 하나의 코스로 완성되었다. 이로써 제주 해안을 한 바퀴 걸어서 다닐 수 있는 제주올레 정규 코스가 모두 완성된 것이다. 제주올레 코스 중에서 망오름 정상을 돌아볼 수 있는 코스는 **몇 번 코스**인지 검색하시오(정답).

05장. 정보 가공

Information Technology Qualification

합격전략 Go Go 씽~

01 인터넷 정보검색 02 이미지 삽입
03 답안 작성

70점 / 배점(500점 만점)   난이도   10분 / 작성시간(총 60분)

아는 것이 힘이다! [문제12]는 제시된 문제를 검색한 후 해당하는 이미지와 정답을 파일에 보고서 형식으로 입력해야 합니다. 주어진 문제와 관련된 정보를 검색하고 필요한 정답을 찾아내야 합니다.

정보 가공 (70점)

※ 제시된 주제에 따라 답안을 완성하시오.

[문제12] 각종 영화와 드라마 등을 통한 이순신 장군의 리더십에 대한 관심이 더욱 높아지고 있다. 이순신에 대한 정보를 검색하여 다음의 안내문 내용을 완성하시오.

(답안)

불멸의 명장. 이순신	
(12-1) 광화문 이순신 동상 이미지	(12-2) 1593년 이순신 장군이 임명된 **관직의 명칭** (12-3) 이순신 장군이 전사한 **전투의 명칭** (12-4) '난중일기'가 국보로 지정된 **날짜**(년월일)

달인이 되려면

1. 검색 사이트에서 문제에 해당하는 정보를 찾습니다.
2. 문제에서 지시한 이미지를 답안 파일에 삽입합니다.
3. 검색 사이트에서 핵심 키워드를 이용하여 정답을 찾습니다.

출제유형 바로바로 다잡기

01 [문제12] 이미지 검색　　**02** [문제12] 답안 검색

출제유형 01　[문제12] 이미지 검색

[문제12]는 문제에서 제시한 검색 사이트 또는 서비스를 이용하여 정답을 찾은 후 이미지를 복사하여 답안 파일에 삽입해야 합니다.

❶ 문제의 내용을 잘 읽은 후 검색 사이트에서 '광화문 이순신 동상'을 입력하여 검색합니다.

❷ 검색 결과 중에서 이미지만 확인하기 위해 사이트 상단 메뉴에서 [이미지]를 클릭하여 페이지를 표시합니다.

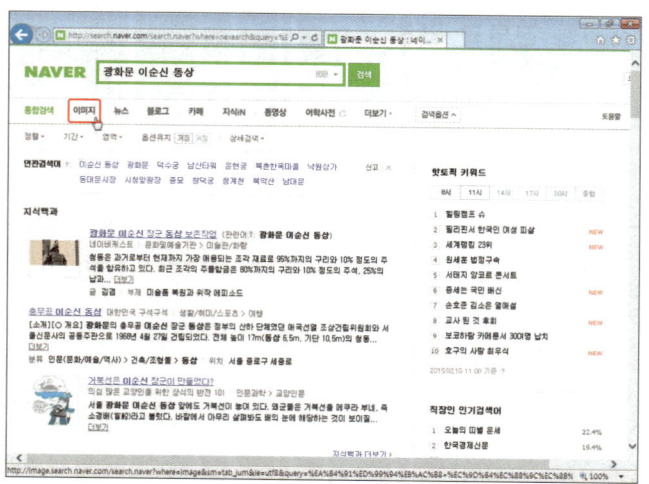

❸ 문제에서 제시한 이미지가 표시되면 이미지를 캡처하기 위해 Print Screen 을 누릅니다.

한걸음 더!
이미지 복사가 금지된 사이트인 경우 캡처 기능을 이용합니다.

❹ [보조프로그램]에서 [그림판]을 실행한 후 [붙여넣기] 또는 Ctrl + V 를 누릅니다. 필요한 부분만 선택한 후 [복사] 또는 Ctrl + C 를 누릅니다.

❺ 답안 파일의 삽입할 부분에 커서를 이동한 후 [붙여넣기] 또는 Ctrl + V 를 눌러 삽입합니다.

한걸음 더!
삽입하는 이미지의 크기가 지시사항에 없을 경우 적절히 조절하여 삽입합니다.

출제유형 02 [문제12] 답안 검색

문제에서 제시한 검색 사이트 또는 서비스를 이용하여 정답을 찾은 후 답안 파일에 정답을 입력합니다.

❶ 문제의 내용을 잘 읽은 후 검색 사이트에서 주요 키워드를 입력한 후 [검색] 단추를 클릭합니다.

❷ 검색된 내용을 확인하면 정답이 '삼도수군통제사' 라는 것을 확인할 수 있습니다.

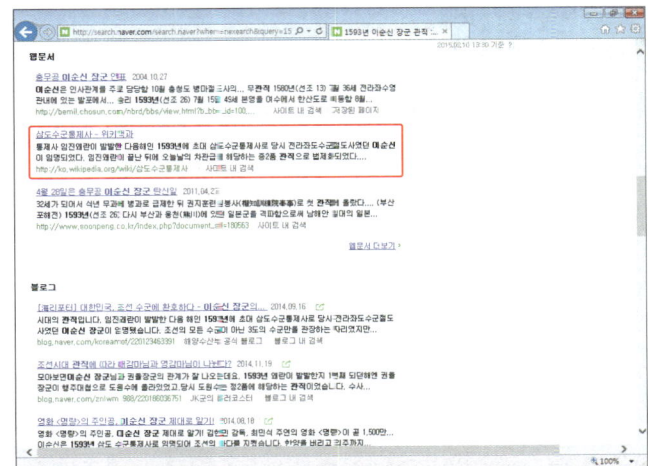

한걸음 더!
정답이 있는 웹페이지를 열어 정확하게 확인하는 것이 좋습니다.

❸ 답안 파일에 정답을 입력하거나 복사한 후 붙여넣습니다. 같은 방법을 이용하여 나머지 문제들도 해결한 후 정답을 답안 파일에 입력합니다.

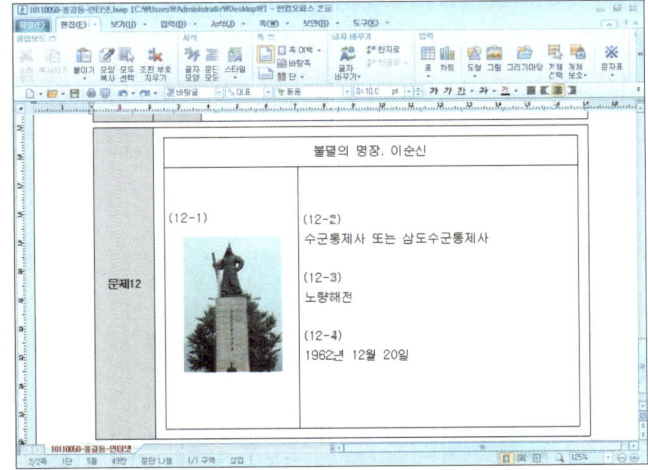

실전유형 다잡기

아래 각 문제를 읽고 해당하는 정답을 찾아 답안 파일에 이미지를 캡처하여 넣거나 정답을 기재하시오.

실전다잡기 01

국립국어원은 국어의 발전과 국민의 언어 생활 향상을 위한 사업과 정책을 수립하는 기구이다. 국립국어원에 대한 다음의 안내문 내용을 검색하여 완성하시오.

쉽고 바른 국어, 국립국어원	
(12-1) 국립국어원의 상징물	(12-2) 국립국어원의 **설립일자**(연월일)
	(12-3) 국립국어원의 **위치**
	(12-4) 국립국어원의 순화어 중 '레귤러'의 **다듬은 말**

실전다잡기 02

국립오페라단은 대한민국을 대표하는 예술단체로 수준 높은 오페라를 선보이며 문화예술의 발전을 선도하고 있다. 국립오페라단에 대한 다음의 안내문 내용을 검색하여 완성하시오.

모두를 위한 오페라, 국립오페라단	
(12-1) 국립오페라단 CI	(12-2) 국립오페라단의 **창단 공연작**
	(12-3) 국립오페라단의 2014년 4월 **시즌 공연작**
	(12-4) 국립오페라단의 **창단년도(년)**

실전다잡기 03

국립서울현충원은 국가와 민족을 위해 고귀한 삶을 희생한 분들을 모시고 있는 곳이다. 국립서울현충원에 대한 다음의 안내문 내용을 검색하여 완성하시오.

민족의 얼이 서린 곳, 국립서울현충원	
(12-1) 국립서울현충원 심볼 마크	(12-2) 국립서울현충원의 이전 **명칭**
	(12-3) 국립서울현충원의 현충문 **건립일**
	(12-4) 국립서울현충원 현충탑의 십자형 모양 **의미**

실전다잡기 04

한국전력공사는 전력개발 촉진, 수급 안정화, 국민경제 발전 기여를 목적으로 설립된 시장형 공기업이다. 한국전력공사에 대한 다음의 안내문 내용을 검색하여 완성하시오.

전력자원을 개발하는, 한국전력공사	
(12-1) 한국전력공사의 레터마크	(12-2) 한국전력공사의 **비전** (12-3) 한국전력공사의 5개 **핵심가치** (12-4) 우리나라 최초의 전기점등 **장소**

실전다잡기 05

국립중앙과학관은 과학과 교육, 문화와 오락을 제공하는 과학놀이터이다. 과학기술의 과거와 현재, 미래를 체험할 수 있는 국립중앙과학관에 대한 다음의 안내문 내용을 검색하여 완성하시오.

신비한 과학체험의 시작, 국립중앙과학관	
(12-1) 국립중앙과학관의 심볼	(12-2) 국립중앙과학관의 캐릭터 **이름** (12-3) 국립중앙과학관의 2014년 **관람인원** (12-4) 국립중앙과학관 천체관의 **청소년 및 어린이 요금**(개인)

실전다잡기 06

경기도어린이박물관은 어린이들의 꿈과 호기심, 상상력을 키우는 체험식 박물관이다. 어린이들의 참여로 함께 만들어가는 경기도어린이박물관에 대한 다음의 안내문 내용을 검색하여 완성하시오.

소통과 참여, 경기도어린이박물관	
(12-1) 경기도어린이박물관의 대표 심벌	(12-2) 경기도어린이박물관의 튼튼이송 **작곡가 이름** (12-3) 경기도어린이박물관의 **비전** (12-4) 경기도어린이박물관의 청소년자원봉사 **활동시간**

INFORMATION
TECHNOLOGY
QUALIFICATION

Part 02
실전모의고사

01회_ 실전모의고사
02회_ 실전모의고사
03회_ 실전모의고사
04회_ 실전모의고사
05회_ 실전모의고사
06회_ 실전모의고사
07회_ 실전모의고사
08회_ 실전모의고사
09회_ 실전모의고사
10회_ 실전모의고사

제 01 회 실전모의고사

과 목	코 드	문제유형	시험시간	수험번호	성 명
인터넷	1152	A	60분		

수험자 유의사항

- 수험자는 문제지를 받는 즉시 **응시하고자 하는 과목의 문제지가 맞는지 확인**하여야 합니다.
- 시험과 직접 관련이 없는 행위 즉, 각종 웹사이트 로그인, 댓글 달기, 게시, 자료 업로드 등의 행위 또는 답안 내역을 보조기억장치 및 기타 통신수단(게시판, 이메일, 메신저, 네트워크 등)을 이용하여 타인에게 전달 또는 외부로 반출하는 경우는 자격기본법 제32에 의거 부정행위로 간주되어 본 시험 및 국가공인 자격시험을 2년간 응시할 수 없습니다.
- 내문서\ITQ폴더의 "답안파일-인터넷.hwp"파일을 열어 파일 이름을 "수험번호-성명-인터넷.hwp"로 답안폴더(내문서\ITQ\)에 다시 저장한 후 답안 작성을 시작하여야 하며, 답안문서 파일명이 일치하지 않을 경우 실격 처리됩니다(예 : 내문서\ITQ\12345678-홍길동-인터넷.hwp). (시험시 제공되는 답안파일 양식을 사용하지 않을 경우에는 0점 처리됨)
- 답안 작성을 마치면 파일을 저장하고, '답안 전송' 버튼을 선택하여 감독위원 PC로 답안을 전송하십시오. 수험자 정보와 저장한 파일명이 다를 경우 전송되지 않으므로 주의하시기 바랍니다.
- 답안 작성 중에도 **주기적으로 저장하고 답안을 전송**하여야 문제 발생을 줄일 수 있습니다. 작업한 내용을 저장하지 않고 전송할 경우 이전에 저장된 내용이 전송되오니 이점 유의하시기 바랍니다.
- 시험 중 부주의 또는 고의로 시스템을 파손한 경우는 수험자가 변상해야 하며, 〈수험자 유의사항〉에 기재된 방법대로 이행하지 않아 생기는 불이익은 수험자 당사자의 책임임을 알려 드립니다.
- 시험을 완료한 수험자는 답안파일이 전송되었는지 확인한 후 감독위원의 지시에 따라 문제지를 제출하고 퇴실합니다.

답안 작성요령

- 온라인 답안 작성 절차

  수험자 등록 ⇒ 시험 시작 ⇒ 답안파일 저장 ⇒ 답안 전송 ⇒ 시험 종료
- 시험 시작 전 시험과 무관한 프로그램의 실행을 중지시켜 주시기 바랍니다(채팅, 파일공유 등).
- 문제에 (정답)이라고 표시되어 있으면 정답만을 작성란에 기재하고, (정답, URL)이라고 표시되어 있으면 정답과 함께 URL을 반드시 기재하시기 바랍니다. 이를 준수하지 않을 경우 감점, 오답 처리 등 불이익이 있을 수 있습니다.
- 1번-3번, 5번-12번은 문제 번호에 따라 정답을 아래와 같이 답안파일에 정확히 기록하십시오.

문제유형		수검번호		성 명	
문제번호		답안			
6	정답	대한민국			

- 4번 문제는 번호에 따라 정답과 URL을 아래와 같이 답안파일에 정확히 기록하십시오(URL은 정답을 확인할 수 있는 최종 URL을 기재하십시오).

4	정답	ITQ정보기술자격
	URL	http://www.itq.or.kr/t_info/t_info_1.asp

- 4번 문제의 경우 개인 홈페이지나 블로그, 지식 검색(예 : 지식iN, 위키피디아 등)과 같이 개인 사견이 들어 있는 사이트, 첨부파일은 정답으로 인정하지 않습니다.
- 9번의 이미지 파일은 인터넷 답안지에 삽입한 후 반드시 지정된 이미지 크기로 변경하시기 바랍니다.
- 문제에서 제시한 단위, Full name 등의 조건에 맞도록 답안을 작성하시기 바랍니다.

ITQ 인터넷 — 인터넷 윤리(60점, 각 30점)

※ 문제에 대한 적절한 내용의 번호를 골라 답안지에 기재하시오.

문제 1 다음 중 그림의 저작물 이용 허락 표시의 내용에 해당하지 않는 것은?

① 저작자 표시
② 비영리 사용
③ 동일조건 변경허락
④ 변경금지

문제 2 컴퓨터 범죄의 유형에 해당하지 않는 것은?

① 인터넷을 이용하여 타인의 신상정보를 공개하여 괴롭히는 행위
② 컴퓨터 자체 프로그램이나 컴퓨터 자료를 파괴하는 행위
③ 원격으로 접속하여 타인의 컴퓨터를 수리하는 행위
④ 컴퓨터 내의 자료를 권한 없이 획득하여 재산적 손해를 야기한 행위

ITQ 인터넷 — 인터넷 검색(370점)

일반검색 I (각 10점)

문제 3 다음 노벨평화상 수상자와 수상연도에 해당하는 〈보기〉의 번호를 답안지에 적으시오(번호).

문제 3-1) 류사오보(劉曉波) ·· (   )

문제 3-2) 레이마 그보위(Leymah Gbowee) ···································· (   )

문제 3-3) 버락 오바마(Barack Obama) ·· (   )

【보기】

| ① 2009년 | ② 2010년 | ③ 2011년 |
| ④ 2012년 | ⑤ 2013년 | ⑥ 2014년 |

일반검색 II (각 50점)

문제 4 사회학, 언어학, 행동과학 분야 등에서 SNS의 메시지가 학문 분석 대상이 되고 있는 것으로 트위터 메시지를 분석하는 새로운 연구방식을 나타내는 이 용어는 언어학자 벤 지머가 처음으로 고안해 사용하기 시작하였다. 이 **용어**를 검색하시오(정답, URL).

문제 5 종묘제례는 크게 정시제와 임시제로 나뉘며, 계절에 따라 햇과일이나 곡식을 올리는 천신제도 있었다. 현재는 1969년부터 전주리씨대동종약원이 행사를 주관하여 매년 5월 첫째 주 일요일에 봉행하고 있다. 서울기상청에서 관측한 2013년 종묘제례일의 **최고기온**(℃)을 검색하시오(정답).

가로 · 세로 정보검색(각 30점)

※ 아래 각 문제의 설명을 읽고 가로 · 세로에 알맞은 단어를 답안에 기재하시오.

문제 6 (가로) 조선시대 시각장애인을 구휼하기 위한 기관으로 이곳 소속 시각장애인들은 독경이나 점복으로 살았고 나라에 가뭄이 들 때는 기우제를 관장하기도 했다. 이 기관의 **이름**을 검색하시오.

문제 7 (세로) '처음도 있고 끝도 있다' 는 뜻으로, 한번 시작한 일을 끝까지 마무리함을 이르는 말의 **사자성어**를 검색하시오.

문제 8 (세로) '아이들이 부리는 오기' 를 의미하는 **우리말**을 검색하시오.

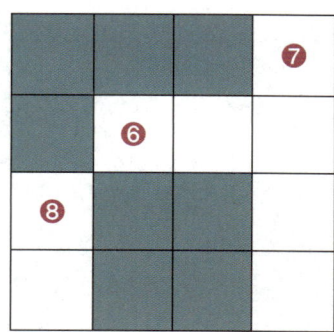

실용검색(각 50점)

문제 9 길찾기 서비스(포털 및 전문 검색사이트)를 이용하여 서울역사박물관에서 덕수궁을 자동차로 가는 경로를 찾아 전체화면을 캡처하여 답안파일에 붙여 넣으시오. (이미지 크기 150 x 100)

문제 10 홍수경보는 홍수예보를 발령하는 지점의 수위가 계속 상승하여 경보위험 수위를 초과할 것이 예상되는 경우 발령된다. 서울의 홍수예보 발령지점인 한강대교의 홍수주의보 발령 **수위기준**(수위표기준: m)을 검색하시오(정답).

문제 11 김포공항 내의 유료주차장은 총 4개소로 5,000여 대의 동시 주차 수용 능력을 갖추고 있다. 김포공항 국내선(제1주차장, 제2주차장) 주차장에 2014년 4월 12일 14시 30분부터 4월 13일 15시까지 소형차를 주차했을 경우 **주차요금**(요금할인제도 미적용)은 얼마인지 구하시오(정답).

ITQ 인터넷 　**정보 가공(70점)**

※ 제시된 주제에 따라 답안을 완성하시오.

문제 12 　현 정부는 국민의 눈높이에서 더욱 가까이 다가가서 업무를 추진한다는 계획으로 새로운 정부운영 패러다임의 정부3.0을 추진하고 있다. 정부3.0에 대한 다음의 안내문 내용을 검색하여 완성하시오.

【답안】

정부3.0	
(12-1) 정부3.0 로고	(12-2) 정부3.0의 **정의** (12-3) 정부3.0의 **3대 전략** (12-4) 정부3.0의 **정보유통채널**

제 02 회 실전모의고사

Information Technology Qualification

 D- 일

과 목	코 드	문제유형	시험시간	수험번호	성 명
인터넷	1152	A	60분		

수험자 유의사항

- 수험자는 문제지를 받는 즉시 **응시하고자 하는 과목의 문제지가 맞는지 확인**하여야 합니다.
- 시험과 직접 관련이 없는 행위 즉, 각종 웹사이트 로그인, 댓글 달기, 게시, 자료 업로드 등의 행위 또는 답안 내역을 보조기억장치 및 기타 통신수단(게시판, 이메일, 메신저, 네트워크 등)을 이용하여 타인에게 전달 또는 외부로 반출하는 경우는 자격기본법 제32에 의거 부정행위로 간주되어 본 시험 및 국가공인 자격시험을 2년간 응시할 수 없습니다.
- 내문서\ITQ폴더의 "답안파일-인터넷.hwp" 파일을 열어 파일 이름을 "수험번호-성명-인터넷.hwp"로 답안폴더(내문서\ITQ\)에 다시 저장한 후 답안 작성을 시작하여야 하며, 답안문서 파일명이 일치하지 않을 경우 실격 처리됩니다(예 : 내문서\ITQ\12345678-홍길동-인터넷.hwp). (시험시 제공되는 답안파일 양식을 사용하지 않을 경우에는 0점 처리됨)
- 답안 작성을 마치면 파일을 저장하고, '답안 전송' 버튼을 선택하여 감독위원 PC로 답안을 전송하십시오. 수험자 정보와 저장한 파일명이 다를 경우 전송되지 않으므로 주의하시기 바랍니다.
- 답안 작성 중에도 **주기적으로 저장하고 답안을 전송**하여야 문제 발생을 줄일 수 있습니다. 작업한 내용을 저장하지 않고 전송할 경우 이전에 저장된 내용이 전송되오니 이점 유의하시기 바랍니다.
- 시험 중 부주의 또는 고의로 시스템을 파손한 경우는 수험자가 변상해야 하며, 〈수험자 유의사항〉에 기재된 방법대로 이행하지 않아 생기는 불이익은 수험자 당사자의 책임임을 알려 드립니다.
- 시험을 완료한 수험자는 답안파일이 전송되었는지 확인한 후 감독위원의 지시에 따라 문제지를 제출하고 퇴실합니다.

답안 작성요령

- 온라인 답안 작성 절차

    수험자 등록 ⇒ 시험 시작 ⇒ 답안파일 저장 ⇒ 답안 전송 ⇒ 시험 종료

- 시험 시작 전 시험과 무관한 프로그램의 실행을 중지시켜 주시기 바랍니다(채팅, 파일공유 등).
- 문제에 (정답)이라고 표시되어 있으면 정답만을 작성란에 기재하고, (정답, URL)이라고 표시되어 있으면 정답과 함께 URL을 반드시 기재하시기 바랍니다. 이를 준수하지 않을 경우 감점, 오답 처리 등 불이익이 있을 수 있습니다.
- 1번-3번, 5번-12번은 문제 번호에 따라 정답을 아래와 같이 답안파일에 정확히 기록하십시오.

문제유형		수검번호		성 명	
문제번호			답안		
6	정답		대한민국		

- 4번 문제는 번호에 따라 정답과 URL을 아래와 같이 답안파일에 정확히 기록하십시오(URL은 정답을 확인할 수 있는 최종 URL을 기재하십시오).

4	정답	ITQ정보기술자격
	URL	http://www.itq.or.kr/t_info/t_info_1.asp

- 4번 문제의 경우 개인 홈페이지나 블로그, 지식 검색(예 : 지식iN, 위키피디아 등)과 같이 개인 사견이 들어 있는 사이트, 첨부파일은 정답으로 인정하지 않습니다.
- 9번의 이미지 파일은 인터넷 답안지에 삽입한 후 반드시 지정된 이미지 크기로 변경하시기 바랍니다.
- 문제에서 제시한 단위, Full name 등의 조건에 맞도록 답안을 작성하시기 바랍니다.

ITQ 인터넷 — 인터넷 윤리(60점, 각 30점)

※ 문제에 대한 적절한 내용의 번호를 골라 답안지에 기재하시오.

문제 1 다음 그림은 불법 스팸메일 신고프로그램인 스팸캅이다. 스팸메일의 피해에 해당하지 않는 것은?

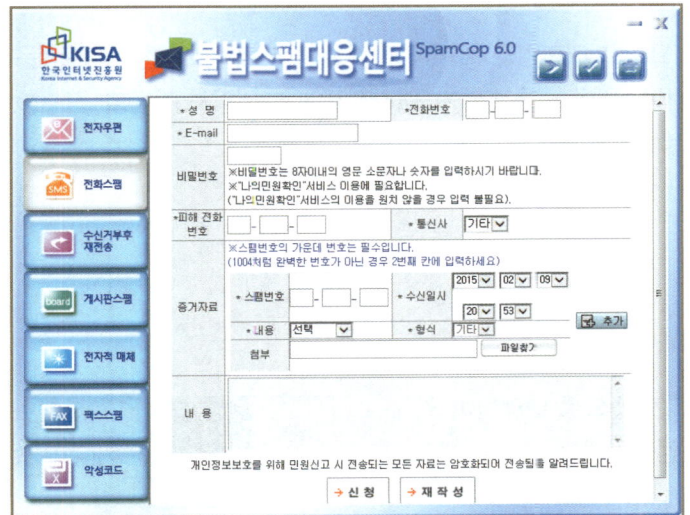

① 악성 코드에 감염될 수 있다.
② 개인정보가 유출될 수 있다.
③ 사용자 계정이 수정될 수 있다.
④ 주기적으로 정보성 메일을 보내준다.

문제 2 정보보안의 목표에 대한 설명으로 옳지 않은 것은?

① 공개되지 않은 정보에 대한 접근을 높이는 공개성
② 전달 내용을 제3자가 획득하지 못하도록 하는 기밀성
③ 인가된 사용자가 정보에 접근 및 사용할 수 있는 가용성
④ 정보전달 도중 정보의 수정 및 훼손 여부를 확인할 수 있는 무결성

ITQ 인터넷 — 인터넷 검색(370점)

▪ 일반검색 I (각 10점)

문제 3 다음 제87회 미국 아카데미 시상식 수상 분야와 수상작에 해당하는 〈보기〉의 번호를 답안지에 적으시오(번호).

문제 3-1) 작품상 ·· (   )
문제 3-2) 촬영상 ·· (   )
문제 3-3) 주제가상 ·· (   )

【보기】

| ① 겨울왕국 | ② 그래비티 | ③ 헬륨 |
| ④ 위대한 개츠비 | ⑤ 노예 12년 | |

일반검색 II (각 50점)

문제 4 가전제품, 전자기기뿐만 아니라 헬스케어, 원격검침, 스마트홈, 스마트카 등 다양한 분야에서 사물을 네트워크로 연결해 정보를 공유할 수 있다. 미국 벤처기업 코벤티스가 개발한 심장박동 모니터링 기계, 구글의 구글글래스가 이 기술을 기반으로 만들어졌다. 이것이 **무엇**인지 검색하시오(정답, URL).

문제 5 2009년 7월 분산 서비스 거부 공격(DDoS, 디도스)으로 대한민국과 미국의 주요 정부기관, 포털 사이트, 은행 사이트 등의 서비스가 일시적으로 마비된 사건이 있었다. 통계청 e-나라지표에서 해킹사고 신고 건수를 찾아 2009년 하반기 해킹사고 **신고 건수**(단위 : 건)를 검색하시오(정답).

가로·세로 정보검색(각 30점)

※ 아래 각 문제의 설명을 읽고 가로·세로에 알맞은 단어를 답안에 기재하시오.

문제 6 (세로) '맞바람을 향해 돛을 펼쳐 힘차게 나아간다' 는 뜻으로 어려움이 있더라도 예정대로 밀고 나간다는 의미의 **사자성어**를 검색하시오.

문제 7 (가로) 태풍 이름은 아시아-태평양지역 태풍위원회의 회원국가별로 각10개씩 제출한 총 140개를 순차적으로 사용한다. 홍콩에서 제출한 것으로 봉황을 의미하는 태풍의 **이름**을 검색하시오.

문제 8 (세로) '짙은 초록빛깔'을 의미하는 **우리말**을 검색하시오.

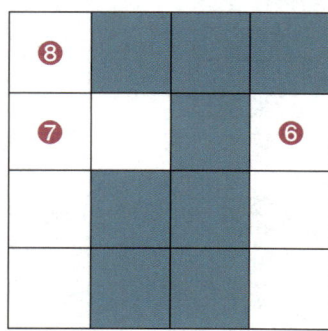

실용검색(각 50점)

문제 9 길찾기 서비스(포털 및 전문 검색사이트)를 이용하여 서울 용산역에서 효창운동장을 도보로 가는 경로를 찾아 전체화면을 캡처하여 답안파일에 붙여 넣으시오. (이미지 크기 150 x 100)

문제 10 세계수소에너지대회(World Hydrogen Energy Conference)는 2년마다 개최되는 수소에너지분야 세계 최고의 국제행사로, 학술회의와 전시회가 동시 개최된다. '제20회 세계수소에너지대회 2014' 의 **개최 기간**(월일)을 검색하시오(정답).

문제 11 세자빈이 가례를 마친 후 왕비와 함께 조선왕조 역대 왕과 왕비의 신주가 모셔진 종묘를 참배하는 의례로서 조선시대 종묘에서 행해졌던 국가의례 중에 왕실여성이 참여하는 유일한 행사이다. 2014년 9월 6일(토), 9월 20일(토), 10월 4일(토), 10월 18일(토)에 열린 이 행사의 **이름**을 검색하시오(정답).

ITQ 인터넷 — 정보 가공(70점)

※ 제시된 주제에 따라 답안을 완성하시오.

문제 12 한국환경산업기술원에서는 녹색사회 구현을 위한 환경정보공개시스템을 운영하고 있다. 환경정보공개시스템에 대한 다음의 안내문 내용을 검색하여 완성하시오.

【답안】

환경정보공개시스템	
(12-1) 환경정보공개시스템 홈페이지 로고	(12-2) 환경정보공개시스템의 **추진목적** (12-3) 환경정보공개시스템 **시범 구축일**(연, 월) (12-4) 환경정보공개시스템의 **법적 근거**

제 03 회 실전모의고사

과목	코 드	문제유형	시험시간	수험번호	성 명
인터넷	1152	A	60분		

수험자 유의사항

- 수험자는 문제지를 받는 즉시 **응시하고자 하는 과목의 문제지가 맞는지 확인**하여야 합니다.
- 시험과 직접 관련이 없는 행위 즉, 각종 웹사이트 로그인, 댓글 달기, 게시, 자료 업로드 등의 행위 또는 답안 내역을 보조기억장치 및 기타 통신수단(게시판, 이메일, 메신저, 네트워크 등)을 이용하여 타인에게 전달 또는 외부로 반출하는 경우는 자격기본법 제32에 의거 부정행위로 간주되어 본 시험 및 국가공인 자격시험을 2년간 응시할 수 없습니다.
- 내문서\ITQ폴더의 "답안파일-인터넷.hwp" 파일을 열어 파일 이름을 "수험번호-성명-인터넷.hwp"로 답안폴더(내문서\ITQ\)에 다시 저장한 후 답안 작성을 시작하여야 하며, 답안문서 파일명이 일치하지 않을 경우 실격 처리됩니다(예 : 내문서\ITQ\12345678-홍길동-인터넷.hwp). (시험시 제공되는 답안파일 양식을 사용하지 않을 경우에는 0점 처리됨)
- 답안 작성을 마치면 파일을 저장하고, '답안 전송' 버튼을 선택하여 감독위원 PC로 답안을 전송하십시오. 수험자 정보와 저장한 파일명이 다를 경우 전송되지 않으므로 주의하시기 바랍니다.
- 답안 작성 중에도 **주기적으로 저장하고 답안을 전송**하여야 문제 발생을 줄일 수 있습니다. 작업한 내용을 저장하지 않고 전송할 경우 이전에 저장된 내용이 전송되오니 이점 유의하시기 바랍니다.
- 시험 중 부주의 또는 고의로 시스템을 파손한 경우는 수험자가 변상해야 하며, 〈수험자 유의사항〉에 기재된 방법대로 이행하지 않아 생기는 불이익은 수험자 당사자의 책임임을 알려 드립니다.
- 시험을 완료한 수험자는 답안파일이 전송되었는지 확인한 후 감독위원의 지시에 따라 문제지를 제출하고 퇴실합니다.

답안 작성요령

- 온라인 답안 작성 절차
  수험자 등록 ⇒ 시험 시작 ⇒ 답안파일 저장 ⇒ 답안 전송 ⇒ 시험 종료
- 시험 시작 전 시험과 무관한 프로그램의 실행을 중지시켜 주시기 바랍니다(채팅, 파일공유 등).
- 문제에 (정답)이라고 표시되어 있으면 정답만을 작성란에 기재하고, (정답, URL)이라고 표시되어 있으면 정답과 함께 URL을 반드시 기재하시기 바랍니다. 이를 준수하지 않을 경우 감점, 오답 처리 등 불이익이 있을 수 있습니다.
- 1번-3번, 5번-12번은 문제 번호에 따라 정답을 아래와 같이 답안파일에 정확히 기록하십시오.

문제유형		수검번호		성 명	
문제번호			답안		
6	정답		대한민국		

- 4번 문제는 번호에 따라 정답과 URL을 아래와 같이 답안파일에 정확히 기록하십시오(URL은 정답을 확인할 수 있는 최종 URL을 기재하십시오).

4	정답	ITQ정보기술자격
	URL	http://www.itq.or.kr/t_info/t_info_1.asp

- 4번 문제의 경우 개인 홈페이지나 블로그, 지식 검색(예 : 지식iN, 위키피디아 등)과 같이 개인 사견이 들어 있는 사이트, 첨부파일은 정답으로 인정하지 않습니다.
- 9번의 이미지 파일은 인터넷 답안지에 삽입한 후 반드시 지정된 이미지 크기로 변경하시기 바랍니다.
- 문제에서 제시한 단위, Full name 등의 조건에 맞도록 답안을 작성하시기 바랍니다.

ITQ 인터넷 — 인터넷 윤리(60점, 각 30점)

※ 문제에 대한 적절한 내용의 번호를 골라 답안지에 기재하시오.

문제 1 다음 그림은 일회용 패스워드(OTP) 발생기이다. OTP발생기에 대한 설명으로 적절하지 않은 것은?

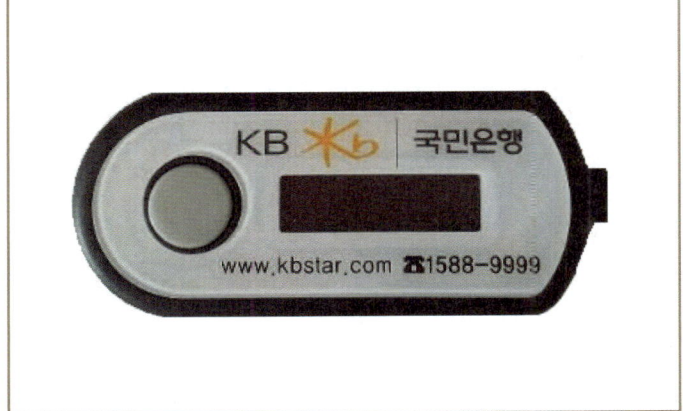

① 인터넷 뱅킹에서만 사용할 수 있다.
② 일회용 패스워드 사용자 인증방식이다.
③ 토큰형과 신용카드형이 있다.
④ 동일 패스워드의 보안 취약점을 극복할 수 있다.

문제 2 저작물을 이용함에 있어서 저작권 침해 사례에 해당하는 것은?

① 결혼식에서 축가를 부르는 장면을 녹화
② 개인 블로그에 다른 웹사이트의 주소를 링크
③ 개인 블로그에 신문기사나 사진의 출처를 표시하고 전문을 스크랩
④ 개인 블로그에 영화의 비평이나 감상글을 게재하면서 해당 방송의 캡처 장면을 한 컷 이용

ITQ 인터넷 — 인터넷 검색(370점)

일반검색Ⅰ (각 10점)

문제 3 다음 역대 올림픽이 개최된 도시와 회차에 해당하는 〈보기〉의 번호를 답안지에 적으시오(번호).

문제 3-1) 호주 시드니 ……………………………………………………………… (   )
문제 3-2) 스페인 바로셀로나 ……………………………………………………… (   )
문제 3-3) 그리스 아테네 …………………………………………………………… (   )

【보기】

① 25회차	② 26회차	③ 27회차
④ 28회차	⑤ 29회차	

일반검색 II (각 50점)

문제 4 삼성전자와 인텔이 주도하에 리눅스 파운데이션의 리눅스 커널을 기반으로 개발 중인 스마트폰과 태블릿, 스마트TV나 넷북 등 다양한 기기에서 작동하는 표준 기반의 개방형 모바일 운영체제의 **이름**을 검색하시오(정답, URL).

문제 5 최근 우리나라에 가장 큰 영향을 주는 황사 발원지인 내몽골과 중국 북부 지역에 봄 가뭄이 심각한 것으로 나타나 올해 한반도에 황사가 자주 찾아오고 있다. 기상청 관측 기준으로 2014년 3월 서울의 **황사 관측일수**를 검색하시오(정답).

가로·세로 정보검색(각 30점)

※ 아래 각 문제의 설명을 읽고 가로·세로에 알맞은 단어를 답안에 기재하시오.

문제 6 (세로) '나무에 내려 눈처럼 된 서리'를 의미하는 **우리말**을 검색하시오.

문제 7 (가로) '높은 곳에 오르려면 낮은 곳에서 시작해야 한다'는 뜻으로, 무슨 일이든 다 순서가 있다는 의미의 **사자성어**를 검색하시오.

문제 8 (세가로) 외교부는 지난 4월 4일 일본 대사를 ○○했다고 한다. 사람을 불러서 오게 한다는 뜻의 이 **용어**를 검색하시오.

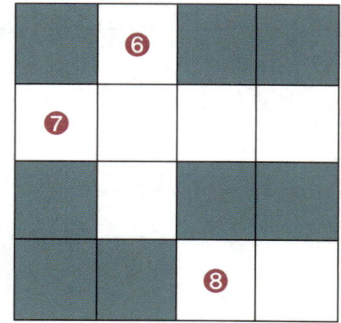

실용검색(각 50점)

문제 9 길찾기 서비스(포털 및 전문 검색사이트)를 이용하여 서울 인사동에서 광화문을 도보로 가는 경로를 찾아 전체화면을 캡처하여 답안파일에 붙여 넣으시오. (이미지 크기 150 x 100)

문제 10 오존경보제는 대기 중 오존의 농도가 일정 기준보다 높게 나타날 경우 경보를 발령해 주민들의 건강이나 생활상의 피해를 주지 않도록 실시하는 제도이다. 오존경보제의 내용 중 중대경보단계일 경우의 **발령기준**(단위 : ppm, 1시간 평균)을 검색하시오(정답).

문제 11 서울시에서는 옛 궁에서 1년 동안 다양하게 펼쳐지는 전통놀이와 달빛 기행 행사 등 궁중 생활 문화를 경험할 수 있는 다채로운 행사를 진행하고 있다. 옛 궁의 하나인 창경궁의 6월~8월 기간의 **관람시간**을 검색하시오(정답).

ITQ 인터넷 | 정보 가공(70점)

※ 제시된 주제에 따라 답안을 완성하시오.

문제 12 중앙선거관리위원회는 선거와 국민투표의 공정한 관리 및 정당에 관한 사무처리를 헌법으로부터 부여받아 1963년 창설되어 선거와 관련된 업무를 담당하고 있다. 중앙선거관리위원회에 대한 다음의 안내문 내용을 검색하여 완성하시오.

【답안】

중앙선거관리위원회	
(12-1) 중앙선거관리위원회의 CI 심벌	(12-2) 중앙선거관리위원회의 **캐릭터 이름**(3개) (12-3) 2014 전국동시지방선거 **홍보대사**(4명) (12-4) 제1회 전국동시조합장선거 **일자**(년, 월, 일)

제 04 회 실전모의고사

D- 일

과 목	코 드	문제유형	시험시간	수험번호	성 명
인터넷	1152	A	60분		

수험자 유의사항

● 수험자는 문제지를 받는 즉시 **응시하고자 하는 과목의 문제지가 맞는지 확인**하여야 합니다.
● 시험과 직접 관련이 없는 행위 즉, 각종 웹사이트 로그인, 댓글 달기, 게시, 자료 업로드 등의 행위 또는 답안 내역을 보조기억장치 및 기타 통신수단(게시판, 이메일, 메신저, 네트워크 등)을 이용하여 타인에게 전달 또는 외부로 반출하는 경우는 자격기본법 제32에 의거 부정행위로 간주되어 본 시험 및 국가공인 자격시험을 2년간 응시할 수 없습니다.
● 내문서\ITQ폴더의 "답안파일-인터넷.hwp"파일을 열어 파일 이름을 "수험번호-성명-인터넷.hwp"로 답안폴더(내문서\ITQ\)에 다시 저장한 후 답안 작성을 시작하여야 하며, 답안문서 파일명이 일치하지 않을 경우 실격 처리됩니다(예 : 내문서\ITQ\12345678-홍길동-인터넷.hwp). (시험시 제공되는 답안파일 양식을 사용하지 않을 경우에는 0점 처리됨)
● 답안 작성을 마치면 파일을 저장하고, '답안 전송' 버튼을 선택하여 감독위원 PC로 답안을 전송하십시오. 수험자 정보와 저장한 파일명이 다를 경우 전송되지 않으므로 주의하시기 바랍니다.
● 답안 작성 중에도 **주기적으로 저장하고 답안을 전송**하여야 문제 발생을 줄일 수 있습니다. 작업한 내용을 저장하지 않고 전송할 경우 이전에 저장된 내용이 전송되오니 이점 유의하시기 바랍니다.
● 시험 중 부주의 또는 고의로 시스템을 파손한 경우는 수험자가 변상해야 하며, 〈수험자 유의사항〉에 기재된 방법대로 이행하지 않아 생기는 불이익은 수험자 당사자의 책임임을 알려 드립니다.
● 시험을 완료한 수험자는 답안파일이 전송되었는지 확인한 후 감독위원의 지시에 따라 문제지를 제출하고 퇴실합니다.

답안 작성요령

● 온라인 답안 작성 절차
　수험자 등록 ⇒ 시험 시작 ⇒ 답안파일 저장 ⇒ 답안 전송 ⇒ 시험 종료
● 시험 시작 전 시험과 무관한 프로그램의 실행을 중지시켜 주시기 바랍니다(채팅, 파일공유 등).
● 문제에 (정답)이라고 표시되어 있으면 정답만을 작성란에 기재하고, (정답, URL)이라고 표시되어 있으면 정답과 함께 URL을 반드시 기재하시기 바랍니다. 이를 준수하지 않을 경우 감점, 오답 처리 등 불이익이 있을 수 있습니다.
● 1번-3번, 5번-12번은 문제 번호에 따라 정답을 아래와 같이 답안파일에 정확히 기록하십시오.

문제유형		수검번호		성 명	
문제번호			답안		
6	정답		대한민국		

● 4번 문제는 번호에 따라 정답과 URL을 아래와 같이 답안파일에 정확히 기록하십시오(URL은 정답을 확인할 수 있는 최종 URL을 기재하십시오).

4	정답	ITQ정보기술자격
	URL	http://www.itq.or.kr/t_info/t_info_1.asp

● 4번 문제의 경우 개인 홈페이지나 블로그, 지식 검색(예 : 지식iN, 위키피디아 등)과 같이 개인 사견이 들어 있는 사이트, 첨부파일은 정답으로 인정하지 않습니다.
● 9번의 이미지 파일은 인터넷 답안지에 삽입한 후 반드시 지정된 이미지 크기로 변경하시기 바랍니다.
● 문제에서 제시한 단위, Full name 등의 조건에 맞도록 답안을 작성하시기 바랍니다.

ITQ 인터넷 — 인터넷 윤리(60점, 각 30점)

※ 문제에 대한 적절한 내용의 번호를 골라 답안지에 기재하시오.

문제 1 다음 그림은 무선랜 기술 규격의 브랜드인 와이파이(Wi-Fi)의 로고다. 와이파이에 대한 설명으로 조절하지 않은 것은?

① 신호를 전달을 위해 AP를 사용한다.
② 사용 거리에 제한이 있다.
③ 개인 정보 유출이나 해킹의 위험이 있다.
④ PC에서만 사용 가능하다.

문제 2 이동전화의 불법 스팸을 방지하기 위한 행동으로 옳지 않은 것은?

① 휴대전화 스팸 간편 신고 서비스로 신고
② 휴대전화기기에 스팸 단어 및 전화번호를 등록
③ 스팸 발송자에게 전화를 걸어 차단서비스 신청
④ 이동통신회사에 광고 문자메시지 차단서비스를 신청

ITQ 인터넷 — 인터넷 검색(370점)

일반검색 I (각 10점)

문제 3 다음 월드컵이 개최된 연도와 우승국에 해당하는 〈보기〉의 번호를 답안지에 적으시오(번호).

문제 3-1) 2002년 한일 월드컵 ……………………………………………………………… (   )
문제 3-2) 1998년 프랑스 월드컵 ……………………………………………………………… (   )
문제 3-3) 1986년 멕시코 월드컵 ……………………………………………………………… (   )

【보기】

① 아르헨티나   ② 독일   ③ 브라질
④ 프랑스   ⑤ 이탈리아

일반검색 II (각 50점)

문제 4 컴퓨터를 자유롭게 사용하는 것으로 최근 활용범위가 넓어져 옷, 시계, 안경 등 사람이 자주 쓰는 도구에 사용되거나 의복에 착용 가능한 작고 가벼운 컴퓨터를 말하는 이 **용어**를 검색하시오(정답, URL).

문제 5 2014년 2월 중 소비자물가상승률은 감소세였으나 3월 중 소비자물가상승률은 개인서비스요금 및 축산물가격의 오름폭 확대 등으로 전월보다 높아졌다. 통계청 e-나라지표에서 2014년 2월의 **소비자물가상승률**(단위: 전년동월비, %, 개편된 2010년 기준의 신지수)을 검색하시오(정답).

가로·세로 정보검색(각 30점)

※ 아래 각 문제의 설명을 읽고 가로·세로에 알맞은 단어를 답안에 기재하시오.

문제 6 (가로) '비가 많이 와서 사람이 다니기 어려울 만큼 땅 위에 넘쳐흐르는 물'을 의미하는 **우리말**을 검색하시오.

문제 7 (세로) '달리는 말은 말굽을 멈추지 않는다'는 뜻으로 지난 성과에 안주하지 말고 더욱 발전하고 정진하자는 의미의 **사자성어**를 검색하시오.

문제 8 (세로) 국방부는 부사관 복무를 활성화하고 인력구조를 개선하기 위하여 부사관 최고 계급을 신설하였고 2016년부터 시행할 예정이다. 어질고 덕이 많은 부사관을 뜻하는 이 **계급**을 검색하시오.

실용검색(각 50점)

문제 9 길찾기 서비스(포털 및 전문 검색사이트)를 이용하여 서울 대학로에서 동대문성곽공원을 자전거로 가는 경로를 찾아 전체화면을 캡처하여 답안파일에 붙여 넣으시오. (이미지 크기 150 x 100)

문제 10 2014년 베를린영화제에서 디아오 이난 감독의 작품이 최고 영예인 황금곰상을 수상하였고, 심사위원대상은 영화제 개막작으로 선정된 웨스 앤더스 감독의 작품이 차지했다. 2014년 베를린영화제의 개막작 **작품명**을 검색하시오(정답).

문제 11 사전투표제도란, 선거인이 부재자신고를 하지 않아도 사전투표 기간 동안 전국 어느 사전투표소에서나 투표할 수 있도록 한 제도로 이번 제6회 전국동시지방선거에서 전국 단위로는 처음 시행한다. 제6회 전국동시지방선거의 **사전투표 기간(월일)**과 시간을 검색하시오(정답).

ITQ 인터넷 — 정보 가공(70점)

※ 제시된 주제에 따라 답안을 완성하시오.

문제 12 전기를 구동 에너지로 사용하는 전기자동차는 공해문제를 해결할 수 있는 방법 중 하나로 각광받고 있다. 제주특별자치도에서는 2014년부터 국제전기자동차엑스포를 개최하고 있다. 국제전기자동차엑스포에 대한 다음의 안내문 내용을 검색하여 완성하시오.

【답안】

	국제전기자동차엑스포
(12-1) 국제전기자동차엑스포 엠블럼 이미지	(12-2) 2015년 국제전기자동차엑스포의 **개최기간** (12-3) 2014년 국제전기자동차엑스포의 **참관객 수** (12-4) 2015년 국제전기자동차엑스포의 **행사장**

제 05 회 실전모의고사

과 목	코 드	문제유형	시험시간	수험번호	성 명
인터넷	1152	A	60분		

수험자 유의사항

- 수험자는 문제지를 받는 즉시 **응시하고자 하는 과목의 문제지가 맞는지 확인**하여야 합니다.
- 시험과 직접 관련이 없는 행위 즉, 각종 웹사이트 로그인, 댓글 달기, 게시, 자료 업로드 등의 행위 또는 답안 내역을 보조기억장치 및 기타 통신수단(게시판, 이메일, 메신저, 네트워크 등)을 이용하여 타인에게 전달 또는 외부로 반출하는 경우는 자격기본법 제32에 의거 부정행위로 간주되어 본 시험 및 국가공인 자격시험을 2년간 응시할 수 없습니다.
- 내문서\ITQ폴더의 "**답안파일-인터넷.hwp**"파일을 열어 파일 이름을 "**수험번호-성명-인터넷.hwp**"로 답안폴더(내문서\ITQ\)에 다시 저장한 후 답안 작성을 시작하여야 하며, 답안문서 파일명이 일치하지 않을 경우 실격 처리됩니다(예 : 내문서\ITQ\12345678-홍길동-인터넷.hwp). (시험시 제공되는 답안파일 양식을 사용하지 않을 경우에는 0점 처리됨)
- 답안 작성을 마치면 파일을 저장하고, '답안 전송' 버튼을 선택하여 감독위원 PC로 답안을 전송하십시오. 수험자 정보와 저장한 파일명이 다를 경우 전송되지 않으므로 주의하시기 바랍니다.
- 답안 작성 중에도 **주기적으로 저장하고 답안을 전송**하여야 문제 발생을 줄일 수 있습니다. 작업한 내용을 저장하지 않고 전송할 경우 이전에 저장된 내용이 전송되오니 이점 유의하시기 바랍니다.
- 시험 중 부주의 또는 고의로 시스템을 파손한 경우는 수험자가 변상해야 하며, 〈수험자 유의사항〉에 기재된 방법대로 이행하지 않아 생기는 불이익은 수험자 당사자의 책임임을 알려 드립니다.
- 시험을 완료한 수험자는 답안파일이 전송되었는지 확인한 후 감독위원의 지시에 따라 문제지를 제출하고 퇴실합니다.

답안 작성요령

- 온라인 답안 작성 절차

  수험자 등록 ⇒ 시험 시작 ⇒ 답안파일 저장 ⇒ 답안 전송 ⇒ 시험 종료

- 시험 시작 전 시험과 무관한 프로그램의 실행을 중지시켜 주시기 바랍니다(채팅, 파일공유 등).
- 문제에 (정답)이라고 표시되어 있으면 정답만을 작성란에 기재하고, (정답, URL)이라고 표시되어 있으면 정답과 함께 URL을 반드시 기재하시기 바랍니다. 이를 준수하지 않을 경우 감점, 오답 처리 등 불이익이 있을 수 있습니다.
- 1번-3번, 5번-12번은 문제 번호에 따라 정답을 아래와 같이 답안파일에 정확히 기록하십시오.

문제유형		수검번호		성 명	
문제번호			답안		
6	정답		대한민국		

- 4번 문제는 번호에 따라 정답과 URL을 아래와 같이 답안파일에 정확히 기록하십시오(URL은 정답을 확인할 수 있는 최종 URL을 기재하십시오).

4	정답	ITQ정보기술자격
	URL	http://www.itq.or.kr/t_info/t_info_1.asp

- 4번 문제의 경우 개인 홈페이지나 블로그, 지식 검색(예 : 지식iN, 위키피디아 등)과 같이 개인 사견이 들어 있는 사이트, 첨부파일은 정답으로 인정하지 않습니다.
- 9번의 이미지 파일은 인터넷 답안지에 삽입한 후 반드시 지정된 이미지 크기로 변경하시기 바랍니다.
- 문제에서 제시한 단위, Full name 등의 조건에 맞도록 답안을 작성하시기 바랍니다.

ITQ 인터넷 — 인터넷 윤리(60점, 각 30점)

※ 문제에 대한 적절한 내용의 번호를 골라 답안지에 기재하시오.

문제 1 다음 그림은 근거리 무선 통신 기술인 블루투스의 공식 로고이다. 블루투스에 대한 설명으로 적절하지 않은 것은?

① 가까운 거리의 휴대기기를 연결할 수 있다.
② 저전력 무선 연결에 사용된다.
③ 단말기의 배터리가 없어도 사용가능하다.
④ 마스터/슬레이브 구성으로 연결한다.

문제 2 인터넷 게시판 사용의 에티켓으로 옳지 않은 내용은?

① 게시판의 글은 명확하고 간결하게 쓴다.
② 문법에 맞는 표현과 올바른 맞춤법을 사용한다.
③ 내용을 함축적으로 잘 설명할 수 있는 알맞은 제목을 사용한다.
④ 게시물을 올릴 때는 개인정보보호를 위해 실명을 밝히지 않는다.

ITQ 인터넷 — 인터넷 검색(370점)

일반검색 I (각 10점)

문제 3 다음 국가의 이름과 수도에 해당하는 〈보기〉의 번호를 답안지에 적으시오(번호).

문제 3-1) 동티모르 ………………………………………………………………………… (   )
문제 3-2) 방글라데시 ……………………………………………………………………… (   )
문제 3-3) 브루나이 ………………………………………………………………………… (   )

【보기】

| ① 반드라스리브가완 | ② 말레 | ③ 다카 |
| ④ 딜리 | ⑤ 카투만두 | ⑥ 킴부 |

일반검색 II (각 50점)

문제 4 컴퓨터 프로그램 제작자가 자신의 작품 속에 숨겨 놓은 재미있는 것들이나 깜짝 놀라게 하는 것들을 의미한다. 이 말은 부활절 달걀이라는 뜻으로 부활절 때의 풍습에서 따온 것이라 할 수 있다. 이것이 <u>무엇</u>(영문 Full name)인지 검색하시오(정답, URL).

문제 5 표준지공시지가란 대한민국 전국의 개별토지 중 지가대표성 등이 있는 토지를 선정·조사하여 평가·공시하는 것으로서 매년 1월 1일 기준 표준지의 단위면적당 가격(원/㎡)을 말한다. '강원도 춘천시 중도동 93'의 <u>2014년 표준지공시지가</u>(단위: 원)를 검색하시오(정답).

가로·세로 정보검색(각 30점)

※ 아래 각 문제의 설명을 읽고 가로·세로에 알맞은 단어를 답안에 기재하시오.

문제 6 (세로) '늙은 말의 지혜'라는 뜻으로, 아무리 하찮은 것일지라도 저마다 장점을 지니고 있음을 이르는 말의 <u>사자성어</u>를 검색하시오.

문제 7 (가로) '비가 겨우 먼지나 날리지 않을 정도로 조금 옴'을 의미하는 <u>우리말</u>을 검색하시오.

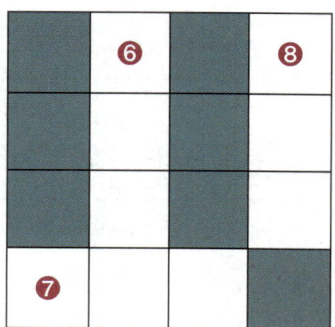

문제 8 (세로) 선수들이 공을 경기장 안으로 굴리거나 발로 차서 보내 표적구에 가장 가까이 던진 공에 대하여 1점이 주어진다. 패럴림픽(장애인올림픽)에는 뇌성마비 장애인만 출전가능하며 1988년 서울 하계패럴림픽부터 정식종목으로 채택되었다. 이 종목의 <u>이름</u>을 검색하시오.

실용검색(각 50점)

문제 9 길찾기 서비스(포털 및 전문 검색사이트)를 이용하여 수원 화성에서 팔달구청을 자전거로 가는 경로를 찾아 전체화면을 캡처하여 답안파일에 붙여 넣으시오. (이미지 크기 150 x 100)

문제 10 금융회사 민원발생평가제도는 금융회사의 자율적인 민원예방노력을 유도하고 금융소비자에게 금융회사 선택 정보를 제공하기 위해 금융감독원이 2002년부터 실시한 제도이다. 국민카드, 롯데카드, 삼성카드, 신한카드, 하나sk카드, 현대카드 중에서 2013년도 평가기준으로 5등급을 받은 카드사 <u>모두</u>를 검색하시오(정답).

문제 11 동물과 인간이 함께하는 영화제 '순천만세계동물영화제'가 '동물이 버려지지 않는 세상 만들기'라는 핵심 목표 아래 제2회 대회를 개최한다. 제2회 순천만세계동물영화제의 <u>개막일(월일)</u>을 검색하시오(정답).

ITQ 인터넷 — 정보 가공(70점)

※ 제시된 주제에 따라 답안을 완성하시오.

문제 12 세계대학생들의 스포츠제전인 제28회 하계유니버시아드가 2015년 7월 3일부터 7월 14일까지 우리나라 광주에서 개최된다. 제28회 하계유니버시아드에 대한 다음의 안내문 내용을 검색하여 완성하시오.

【답안】

제28회 하계유니버시아드	
(12-1) 제28회 하계유니버시아드 엠블럼	(12-2) 제28회 하계유니버시아드의 **마스코트 이름** (12-3) 제28회 하계유니버시아드의 **영문 슬로건** (12-4) 제28회 하계유니버시아드의 **선수촌 위치**(주소)

제 06 회 실전모의고사

과 목	코 드	문제유형	시험시간	수험번호	성 명
인터넷	1152	A	60분		

수험자 유의사항

- 수험자는 문제지를 받는 즉시 **응시하고자 하는** 과목의 문제지가 맞는지 확인하여야 합니다.
- 시험과 직접 관련이 없는 행위 즉, 각종 웹사이트 로그인, 댓글 달기, 게시, 자료 업로드 등의 행위 또는 답안 내역을 보조기억장치 및 기타 통신수단(게시판, 이메일, 메신저, 네트워크 등)을 이용하여 타인에게 전달 또는 외부로 반출하는 경우는 자격기본법 제32에 의거 부정행위로 간주되어 본 시험 및 국가공인 자격시험을 2년간 응시할 수 없습니다.
- 내문서\ITQ폴더의 "답안파일-인터넷.hwp"파일을 열어 파일 이름을 "수험번호-성명-인터넷.hwp"로 답안폴더(내문서\ITQ\)에 다시 저장한 후 답안 작성을 시작하여야 하며, 답안문서 파일명이 일치하지 않을 경우 실격 처리됩니다(예 : 내문서\ITQ\12345678-홍길동-인터넷.hwp). (시험시 제공되는 답안파일 양식을 사용하지 않을 경우에는 0점 처리됨)
- 답안 작성을 마치면 파일을 저장하고, '답안 전송' 버튼을 선택하여 감독위원 PC로 답안을 전송하십시오. 수험자 정보와 저장한 파일명이 다를 경우 전송되지 않으므로 주의하시기 바랍니다.
- 답안 작성 중에도 **주기적으로 저장하고 답안을 전송**하여야 문제 발생을 줄일 수 있습니다. 작업한 내용을 저장하지 않고 전송할 경우 이전에 저장된 내용이 전송되오니 이점 유의하시기 바랍니다.
- 시험 중 부주의 또는 고의로 시스템을 파손한 경우는 수험자가 변상해야 하며, 〈수험자 유의사항〉에 기재된 방법대로 이행하지 않아 생기는 불이익은 수험자 당사자의 책임임을 알려 드립니다.
- 시험을 완료한 수험자는 답안파일이 전송되었는지 확인한 후 감독위원의 지시에 따라 문제지를 제출하고 퇴실합니다.

답안 작성요령

- 온라인 답안 작성 절차

    수험자 등록 ⇒ 시험 시작 ⇒ 답안파일 저장 ⇒ 답안 전송 ⇒ 시험 종료
- 시험 시작 전 시험과 무관한 프로그램의 실행을 중지시켜 주시기 바랍니다(채팅, 파일공유 등).
- 문제에 (정답)이라고 표시되어 있으면 정답만을 작성란에 기재하고, (정답, URL)이라고 표시되어 있으면 정답과 함께 URL을 반드시 기재하시기 바랍니다. 이를 준수하지 않을 경우 감점, 오답 처리 등 불이익이 있을 수 있습니다.
- 1번–3번, 5번–12번은 문제 번호에 따라 정답을 아래와 같이 답안파일에 정확히 기록하십시오.

문제유형		수검번호		성 명	
문제번호		답안			
6	정답	대한민국			

- 4번 문제는 번호에 따라 정답과 URL을 아래와 같이 답안파일에 정확히 기록하십시오(URL은 정답을 확인할 수 있는 최종 URL을 기재하십시오).

4	정답	ITQ정보기술자격
	URL	http://www.itq.or.kr/t_info/t_info_1.asp

- 4번 문제의 경우 개인 홈페이지나 블로그, 지식 검색(예 : 지식iN, 위키피디아 등)과 같이 개인 사견이 들어 있는 사이트, 첨부파일은 정답으로 인정하지 않습니다.
- 9번의 이미지 파일은 인터넷 답안지에 삽입한 후 반드시 지정된 이미지 크기로 변경하시기 바랍니다.
- 문제에서 제시한 단위, Full name 등의 조건에 맞도록 답안을 작성하시기 바랍니다.

ITQ 인터넷 — 인터넷 윤리(60점, 각 30점)

※ 문제에 대한 적절한 내용의 번호를 골라 답안지에 기재하시오.

문제 1 다음 그림은 VoIP를 지원하는 메신저이다. VoIP에 대한 설명으로 적절하지 않은 것은?

① 기존의 인터넷망을 사용한다.
② 유선전화보다 통화료가 비싸다.
③ 음성을 디지털 패킷으로 변환하고 전송한다.
④ 트래픽이 많으면 통화 품질이 떨어진다.

문제 2 가정에서의 컴퓨터 음란물 대처 방안으로 옳지 않은 것은?

① 가족 공용의 공간에 컴퓨터를 놓고 사용한다.
② 부모가 컴퓨터를 배워 자녀와 공감대를 형성한다.
③ 자녀들이 보지 않는 밤늦은 시간에 주로 사용한다.
④ 음란물 검색 프로그램이나 음란물 대응 소프트웨어를 활용한다.

ITQ 인터넷 — 인터넷 검색(370점)

일반검색 I (각 10점)

문제 3 다음 단위와 단위 분류에 해당하는 〈보기〉의 번호를 답안지에 적으시오(번호).

문제 3-1) 인치(in) ·· (   )
문제 3-2) 헥타르(ha) ·· (   )
문제 3-3) 파운드(lb) ·· (   )

【보기】

① 무게	② 부피	③ 넓이
④ 길이	⑤ 온도	⑥ 압력

일반검색 II (각 50점)

문제 4 세계 도처에 흩어져 있는 다른 사이트에 자신이 보유하고 있는 것과 동일한 정보를 복사하여 저장시켜 놓는 것으로, 유명한 정보 사이트들은 네트워크에서 트래픽이 빈번해지기 때문에 접속이 힘들고 속도가 떨어지는데, 이것을 방지하여 네트워크의 이용 효율을 향상시킬 목적으로 만든 사이트를 **무엇**이라 하는지 검색하시오 (정답, URL).

문제 5 2013년 11월 11일 서울은 올가을 들어 처음 영하권으로 기온이 떨어지고 첫 얼음이 관측됐다. 서울기상청에서 관측한 이날의 **평균기온**(℃)을 검색하시오(정답).

가로·세로 정보검색(각 30점)

※ 아래 각 문제의 설명을 읽고 가로·세로에 알맞은 단어를 답안에 기재하시오.

문제 6 (세로) '남자는 짐을 지고 여자는 짐을 인다' 라는 뜻으로, 가난한 사람들이나 재난을 당한 사람들이 살 곳을 찾지 못하고 온갖 고생을 하며 이리저리 떠돌아다님을 이르는 말의 **사자성어**를 검색하시오.

문제 7 (가로) 규격을 갖추는데 필요한 여러 조건을 의미하는 **우리말**을 검색하시오.

문제 8 (세로) 2013년 8월 1일부터 우편요금이 조정됨에 따라 통상 우편용 300원 우표 9종이 2013년 11월 11일에 새로이 발행되었다. 전라남도 섬을 도안한 우표의 **섬 이름**을 검색하시오.

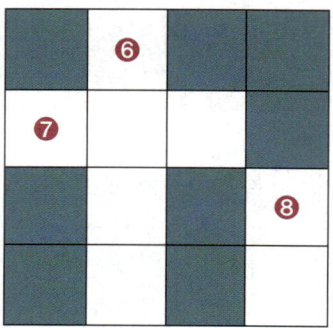

실용검색(각 50점)

문제 9 길찾기 서비스(포털 및 전문 검색사이트)를 이용하여 종로구청에서 서울특별시청을 대중교통으로 가는 경로를 찾아 전체화면을 캡처하여 답안파일에 붙여 넣으시오. (이미지 크기 150 x 100)

문제 10 서울시는 모기발생 가능성을 지수화해 시민들에게 행동요령을 알려주는 '모기 예보제'를 국내 최초로 도입하였다. 2013년 10월 31일 **모기활동지수**를 검색하시오(정답).

문제 11 다음의 내용에서 말하는 2005년 **2월의 문화인물**(성명)을 검색하시오(정답).

> 문화관광부(현 문화체육관광부)는 1990년 7월부터 매월 시행해 온 「이달의 문화인물」 사업을 2005년 12월을 끝으로 종결하였다. 우리 문화에 대한 이해와 자긍심 고취를 위하여 민족문화 창달에 기여한 역사적 인물을 재조명해 온 이 사업은 1990년 7월 시작으로 2005년 12월까지 장장 15년 6개월간 총 186명의 문화인물을 선정하였다.

ITQ 인터넷 — 정보 가공(70점)

※ 제시된 주제에 따라 답안을 완성하시오.

문제 12 아이돌봄 지원사업은 만 12세 이하 취업부모 자녀 등을 대상으로 돌보미가 돌봄장소에 직접 찾아가 돌봄 활동을 제공하는 서비스이다. 아이돌봄 지원사업에 대한 다음의 안내문 내용을 검색하여 완성하시오.

【답안】

아이돌봄 지원사업	
(12-1) 아이돌봄 지원사업 홈페이지의 로고	(12-2) 아이돌봄 지원사업의 **목적** (12-3) 아이돌봄 지원사업의 종합형 돌봄서비스 **시간당 이용요금** (12-4) 아이돌봄 지원사업의 인천 지역 **서비스 제공기관 수**

제 07 회 실전모의고사

과 목	코 드	문제유형	시험시간	수험번호	성 명
인터넷	1152	A	60분		

수험자 유의사항

- 수험자는 문제지를 받는 즉시 **응시하고자 하는 과목의 문제지가 맞는지 확인**하여야 합니다.
- 시험과 직접 관련이 없는 행위 즉, 각종 웹사이트 로그인, 댓글 달기, 게시, 자료 업로드 등의 행위 또는 답안 내역을 보조기억장치 및 기타 통신수단(게시판, 이메일, 메신저, 네트워크 등)을 이용하여 타인에게 전달 또는 외부로 반출하는 경우는 자격기본법 제32에 의거 부정행위로 간주되어 본 시험 및 국가공인 자격시험을 2년간 응시할 수 없습니다.
- 내문서\ITQ폴더의 "답안파일-인터넷.hwp"파일을 열어 파일 이름을 "수험번호-성명-인터넷.hwp"로 답안폴더(내문서\ITQ\)에 다시 저장한 후 답안 작성을 시작하여야 하며, 답안문서 파일명이 일치하지 않을 경우 실격 처리됩니다(예 : 내문서\ITQ\12345678-홍길동-인터넷.hwp). (시험시 제공되는 답안파일 양식을 사용하지 않을 경우에는 0점 처리됨)
- 답안 작성을 마치면 파일을 저장하고, '답안 전송' 버튼을 선택하여 감독위원 PC로 답안을 전송하십시오. 수험자 정보와 저장한 파일명이 다를 경우 전송되지 않으므로 주의하시기 바랍니다.
- 답안 작성 중에도 **주기적으로 저장하고 답안을 전송**하여야 문제 발생을 줄일 수 있습니다. 작업한 내용을 저장하지 않고 전송할 경우 이전에 저장된 내용이 전송되오니 이점 유의하시기 바랍니다.
- 시험 중 부주의 또는 고의로 시스템을 파손한 경우는 수험자가 변상해야 하며, 〈수험자 유의사항〉에 기재된 방법대로 이행하지 않아 생기는 불이익은 수험자 당사자의 책임임을 알려 드립니다.
- 시험을 완료한 수험자는 답안파일이 전송되었는지 확인한 후 감독위원의 지시에 따라 문제지를 제출하고 퇴실합니다.

답안 작성요령

- 온라인 답안 작성 절차
  수험자 등록 ⇒ 시험 시작 ⇒ 답안파일 저장 ⇒ 답안 전송 ⇒ 시험 종료
- 시험 시작 전 시험과 무관한 프로그램의 실행을 중지시켜 주시기 바랍니다(채팅, 파일공유 등).
- 문제에 (정답)이라고 표시되어 있으면 정답만을 작성란에 기재하고, (정답, URL)이라고 표시되어 있으면 정답과 함께 URL을 반드시 기재하시기 바랍니다. 이를 준수하지 않을 경우 감점, 오답 처리 등 불이익이 있을 수 있습니다.
- 1번-3번, 5번-12번은 문제 번호에 따라 정답을 아래와 같이 답안파일에 정확히 기록하십시오.

문제유형		수검번호		성 명	
문제번호		답안			
6	정답	대한민국			

- 4번 문제는 번호에 따라 정답과 URL을 아래와 같이 답안파일에 정확히 기록하십시오(URL은 정답을 확인할 수 있는 최종 URL을 기재하십시오).

4	정답	ITQ정보기술자격
	URL	http://www.itq.or.kr/t_info/t_info_1.asp

- 4번 문제의 경우 개인 홈페이지나 블로그, 지식 검색(예 : 지식iN, 위키피디아 등)과 같이 개인 사견이 들어 있는 사이트, 첨부파일은 정답으로 인정하지 않습니다.
- 9번의 이미지 파일은 인터넷 답안지에 삽입한 후 반드시 지정된 이미지 크기로 변경하시기 바랍니다.
- 문제에서 제시한 단위, Full name 등의 조건에 맞도록 답안을 작성하시기 바랍니다.

ITQ 인터넷 — 인터넷 윤리(60점, 각 30점)

※ 문제에 대한 적절한 내용의 번호를 골라 답안지에 기재하시오.

문제 1 다음 그림은 네이버 오피스와 구글 오피스의 서비스 화면이다. 두 서비스의 특징으로 맞지 않은 것은?

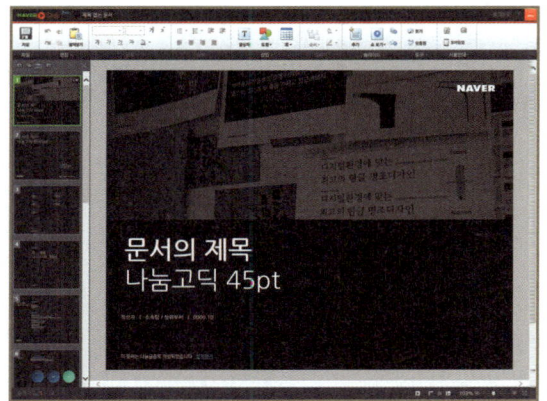

① 사용자 컴퓨터에 저장할 수 없다.
② 스마트폰에서 사용할 수 있다.
③ 클라우드에 저장된 문서를 가져올 수 있다.
④ 다른 사람과 문서를 공유할 수 있다.

문제 2 컴퓨터 바이러스에 대처하는 예방법으로 옳지 않은 것은?

① 공개자료실의 프로그램을 다운받는 경우 최신 프로그램을 받는다.
② 사이트가 명확하지 않은 소규모 게시판에 올린 자료는 다운받지 않는다.
③ 보낸 이가 의심스러운 메일은 열어 보지 않고 다른 사람에게도 보내지 않는다.
④ 백신 프로그램을 설치한 후에는 항상 최신 버전으로 업데이트한다.

ITQ 인터넷 — 인터넷 검색(370점)

■■ 일반검색Ⅰ (각 10점)

문제 3 다음 나라와 대륙에 해당하는 〈보기〉의 번호를 답안지에 적으시오(번호).

문제 3-1) 카자흐스탄 ·· (   )
문제 3-2) 라트비아 ·· (   )
문제 3-3) 베네수엘라 ·· (   )

【보기】

① 아프리카   ② 아시아   ③ 유럽
④ 남아메리카   ⑤ 북아메리카

일반검색 II (각 50점)

문제 4 '기술'과 '치명적 영향력을 가진 여자'라는 영문의 뜻을 합친 신조어로 IT 제품에 관심을 갖고 구매에 적극적인 여성 소비자를 일컫는 이 **용어**(영문)는 무엇인지 검색하시오(정답, URL).

문제 5 2012년 국제수지는 경상수지 흑자를 사상 최대로 기록하였으나 상표와 특허권 등의 사용에 따라 발생하는 '지적재산권 등 사용료' 수지는 적자를 기록했다. 통계청(국가통계포털)에서 2012년 한국의 지식재산권 및 저작권 사용료 **지급액**(단위:100만달러)을 검색하시오(단, URL은 정답을 확인할 수 있는 최종 페이지의 '주소복사' 메뉴 이용)(정답).

가로·세로 정보검색(각 30점)

※ 아래 각 문제의 설명을 읽고 가로·세로에 알맞은 단어를 답안에 기재하시오.

문제 6 (세로) 남을 두려워하거나 조심스럽게 여기는 기세를 의미하는 **우리말**을 검색하시오.

문제 7 (가로) 가혹하게 세금을 거두거나 백성들의 재물을 억지로 빼앗음을 이르는 말의 **사자성어**(고사성어)를 검색하시오.

문제 8 (세로) 조선시대에 임기에 상관없이 어떤 일을 계속 맡아보는 관직을 이르던 말로 특정한 기술이나 경험을 필요로 하는 분야로 제사나 의례, 소송, 군수(軍需), 회계, 창고 따위의 사무를 맡아보던 관직이 이에 해당한다. 이 관직의 **이름**을 검색하시오.

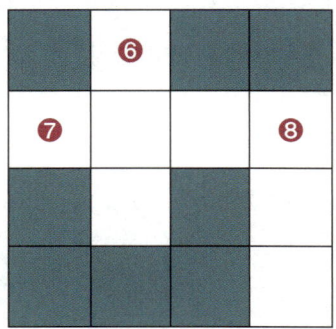

실용검색(각 50점)

문제 9 길찾기 서비스(포털 및 전문 검색사이트)를 이용하여 용인 터미널에서 강남대학교를 자동차로 가는 경로를 찾아 전체화면을 캡처하여 답안파일에 붙여 넣으시오. (이미지 크기 150 x 100)

문제 10 방송통신위원회와 한국정보화진흥원이 운영하는 통신중계서비스는 청각이나 언어장애를 가지고 있는 사람이 비장애인과 전화로 의사소통을 할 수 있도록 지원하는 실시간 전화 중계서비스이다. 통신중계서비스를 제공하는 손말이음센터의 **전화번호**를 검색하시오(정답).

문제 11 유네스코는 지난 2004년부터 문학·영화·음악·공예와 민속예술·디자인·미디어아트·음식 등 7개 분야에서 우수성을 인정받은 도시를 '창의도시'로 선정하고 있다. 2012년도에 지정된 대한민국 창의도시의 **이름**(도시명)을 검색하시오(정답).

ITQ 인터넷 — 정보 가공(70점)

※ 제시된 주제에 따라 답안을 완성하시오.

문제 12 질병관리본부는 국민들이 질병으로부터 안심하고 살 수 있도록 연구하고 질병 예방과 조사, 관리를 하는 기관이다. 질병관리본부에 대한 다음의 안내문 내용을 검색하여 완성하시오.

【답안】

질병관리본부	
(12-1) 질병관리본부의 심벌마크	(12-2) 질병관리본부의 **올바른 4대 가치 운동** (12-3) 질병관리본부 로고의 3S가 표현하는 **영문 의미** (12-4) 질병관리본부의 기원이 되는 **1894년 당시의 이름**

제 08 회 실전모의고사

과 목	코 드	문제유형	시험시간	수험번호	성 명
인터넷	1152	A	60분		

수험자 유의사항

- 수험자는 문제지를 받는 즉시 **응시하고자 하는 과목의 문제지가 맞는지** 확인하여야 합니다.
- 시험과 직접 관련이 없는 행위 즉, 각종 웹사이트 로그인, 댓글 달기, 게시, 자료 업로드 등의 행위 또는 답안 내역을 보조기억장치 및 기타 통신수단(게시판, 이메일, 메신저, 네트워크 등)을 이용하여 타인에게 전달 또는 외부로 반출하는 경우는 자격기본법 제32에 의거 부정행위로 간주되어 본 시험 및 국가공인 자격시험을 2년간 응시할 수 없습니다.
- 내문서\ITQ폴더의 "답안파일-인터넷.hwp"파일을 열어 파일 이름을 "수험번호-성명-인터넷.hwp"로 답안폴더(내문서\ITQ\)에 다시 저장한 후 답안 작성을 시작하여야 하며, 답안문서 파일명이 일치하지 않을 경우 실격 처리됩니다(예 : 내문서\ITQ\12345678-홍길동-인터넷.hwp). (시험시 제공되는 답안파일 양식을 사용하지 않을 경우에는 0점 처리됨)
- 답안 작성을 마치면 파일을 저장하고, '답안 전송' 버튼을 선택하여 감독위원 PC로 답안을 전송하십시오. 수험자 정보와 저장한 파일명이 다를 경우 전송되지 않으므로 주의하시기 바랍니다.
- 답안 작성 중에도 **주기적으로 저장하고 답안을 전송**하여야 문제 발생을 줄일 수 있습니다. 작업한 내용을 저장하지 않고 전송할 경우 이전에 저장된 내용이 전송되오니 이점 유의하시기 바랍니다.
- 시험 중 부주의 또는 고의로 시스템을 파손한 경우는 수험자가 변상해야 하며, 〈수험자 유의사항〉에 기재된 방법대로 이행하지 않아 생기는 불이익은 수험자 당사자의 책임임을 알려 드립니다.
- 시험을 완료한 수험자는 답안파일이 전송되었는지 확인한 후 감독위원의 지시에 따라 문제지를 제출하고 퇴실합니다.

답안 작성요령

- 온라인 답안 작성 절차
  수험자 등록 ⇒ 시험 시작 ⇒ 답안파일 저장 ⇒ 답안 전송 ⇒ 시험 종료
- 시험 시작 전 시험과 무관한 프로그램의 실행을 중지시켜 주시기 바랍니다(채팅, 파일공유 등).
- 문제에 (정답)이라고 표시되어 있으면 정답만을 작성란에 기재하고, (정답, URL)이라고 표시되어 있으면 정답과 함께 URL을 반드시 기재하시기 바랍니다. 이를 준수하지 않을 경우 감점, 오답 처리 등 불이익이 있을 수 있습니다.
- 1번-3번, 5번-12번은 문제 번호에 따라 정답을 아래와 같이 답안파일에 정확히 기록하십시오.

문제유형		수검번호		성 명	
문제번호			답안		
6	정답		대한민국		

- 4번 문제는 번호에 따라 정답과 URL을 아래와 같이 답안파일에 정확히 기록하십시오(URL은 정답을 확인할 수 있는 최종 URL을 기재하십시오).

4	정답	ITQ정보기술자격
	URL	http://www.itq.or.kr/t_info/t_info_1.asp

- 4번 문제의 경우 개인 홈페이지나 블로그, 지식 검색(예 : 지식iN, 위키피디아 등)과 같이 개인 사견이 들어 있는 사이트, 첨부파일은 정답으로 인정하지 않습니다.
- 9번의 이미지 파일은 인터넷 답안지에 삽입한 후 반드시 지정된 이미지 크기로 변경하시기 바랍니다.
- 문제에서 제시한 단위, Full name 등의 조건에 맞도록 답안을 작성하시기 바랍니다.

ITQ 인터넷 — 인터넷 윤리(60점, 각 30점)

※ 문제에 대한 적절한 내용의 번호를 골라 답안지에 기재하시오.

문제 1 다음 그림은 주민번호 대체수단인 아이핀(i-PIN)이다. 아이핀의 설명으로 올바르지 않은 것은?

① 주민등록번호 대신 신분 확인에 사용된다.
② 주민등록증을 발급받은 성인만 가입할 수 있다.
③ 웹사이트 회원 가입시 주로 사용한다.
④ 아이핀 가입 전 신원확인이 필요하다.

문제 2 인터넷 유해 정보 신고 대상이 아닌 것은?

① 폭력적이거나 범죄를 목적으로 하는 내용
② 개인이나 단체에 대한 비방이나 허위 사실에 관한 내용
③ 개인 블로그에 자신의 사진이나 일기 등을 공개한 내용
④ 금전(사이버머니) 거래를 통한 도박행위를 하거나 조장하는 내용

ITQ 인터넷 — 인터넷 검색(370점)

일반검색 I (각 10점)

문제 3 다음 조선시대 왕의 이름과 즉위한 연도에 해당하는 〈보기〉의 번호를 답안지에 적으시오(번호).

문제 3-1) 세종 ………………………………………………………………………………………… (   )
문제 3-2) 인종 ………………………………………………………………………………………… (   )
문제 3-3) 숙종 ………………………………………………………………………………………… (   )

【보기】

| ① 1418년 | ② 1469년 | ③ 1494년 |
| ④ 1506년 | ⑤ 1544년 | ⑥ 1674년 |

일반검색 II (각 50점)

문제 4 더그 커팅(Doug Cutting)이 처음 개발하였으며 여러 개의 저렴한 컴퓨터를 마치 하나인 것처럼 묶어 빅데이터를 관리 가능한 데이터로 바꾸는 오픈소스로 공개되어 저렴하면서도 방대한 데이터를 분석할 수 있는 분산 시스템을 의미하는 **용어**(영문 Full name)를 검색하시오(정답, URL).

문제 5 2014년 6월 23일 대기가 불안정한 상황에서 소나기구름이 발생해 서울·경기와 강원 일부 지역에 천둥·번개와 돌풍을 동반한 시간당 20 mm 안팎의 강한 소나기가 내렸다고 기상청은 밝혔다. 이날 서울 기상청에서 관측한 **일강수량**(단위:mm)을 검색하시오(정답).

가로·세로 정보검색(각 30점)

※ 아래 각 문제의 설명을 읽고 가로·세로에 알맞은 단어를 답안에 기재하시오.

문제 6 (세로) ISBN 9788988165775인 이 책은 별과 우주에 관한 이야기를 흥미롭게 풀어낸 것으로 별과 우주의 기원부터 우주를 향한 인간의 꿈과 도전까지 소개하고 있다. 이 책의 **저자명**을 검색하시오.

문제 7 (가로) 맹자의 '진심' 편에 나오는 '백성이 존귀하고 사직은 그다음이며 임금은 가볍다'는 뜻으로, 백성이 가장 고귀한 존재이고 그다음은 나라이고 임금은 가장 낮다는 의미의 **사자성어**를 검색하시오.

문제 8 (세로) '물건을 받기 전에 먼저 주는 물건값'을 의미하는 **우리말**을 검색하시오.

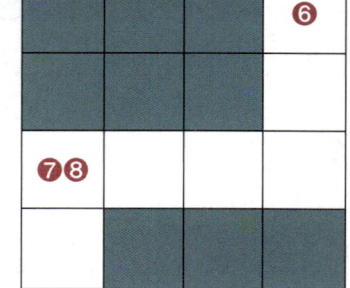

실용검색(각 50점)

문제 9 길찾기 서비스(포털 및 전문 검색사이트)를 이용하여 소래포구에서 월곶역을 도보로 가는 경로를 찾아 전체화면을 캡처하여 답안파일에 붙여 넣으시오. (이미지 크기 150 x 100)

문제 10 2009년 미국 샌프란시스코에서 개발된 이것은 카풀을 가능하게 하는 차량공유서비스 앱으로 이것을 실행하면 카풀을 해 줄 사람들 중 가까운 곳에 있는 차량 위치를 알 수 있다. 최근 유럽 주요 도시에서 영업하는 택시 기사들이 이것에 항의해 파업을 벌였다. 이것은 **무엇**(이름)인지 검색하시오(정답).

문제 11 2000년부터 발생한 모든 태풍에 대해 태풍위원회 회원국의 고유 언어로 만들어진 이름을 붙여오고 있으며, 매년 개최되는 태풍위원회 총회에서는 그 해 막대한 피해를 입힌 태풍의 경우 앞으로 유사한 태풍 피해가 없도록 해당 태풍 이름의 퇴출을 결정한다. 2012년에 큰 피해를 주어 없어진 **태풍의 이름**을 검색하시오(정답).

ITQ 인터넷 — 정보 가공(70점)

※ 제시된 주제에 따라 답안을 완성하시오.

문제 12 극지연구소는 남극과 북극에서 대기, 빙하, 지질, 생물, 운석, 해양 등 다양한 연구활동을 하는 기관이다. 극지연구소에 대한 다음의 안내문 내용을 검색하여 완성하시오.

【답안】

극지연구소	
(12-1) 극지연구소의 국문 CI	(12-2) 남극세종과학기지의 **1차 월동대 활동기간** (12-3) 북극다산과학기지의 **위치(위도/경도)** (12-4) 쇄빙선 아라온호의 **운항지속시간**

제 09 회 실전모의고사

과 목	코 드	문제유형	시험시간	수험번호	성 명
인터넷	1152	A	60분		

수험자 유의사항

- 수험자는 문제지를 받는 즉시 **응시하고자 하는 과목의 문제지가 맞는지 확인**하여야 합니다.
- 시험과 직접 관련이 없는 행위 즉, 각종 웹사이트 로그인, 댓글 달기, 게시, 자료 업로드 등의 행위 또는 답안 내역을 보조기억장치 및 기타 통신수단(게시판, 이메일, 메신저, 네트워크 등)을 이용하여 타인에게 전달 또는 외부로 반출하는 경우는 자격기본법 제32에 의거 부정행위로 간주되어 본 시험 및 국가공인 자격시험을 2년간 응시할 수 없습니다.
- 내문서\ITQ폴더의 "답안파일-인터넷.hwp"파일을 열어 파일 이름을 "수험번호-성명-인터넷.hwp"로 답안폴더(내문서\ITQ\)에 다시 저장한 후 답안 작성을 시작하여야 하며, 답안문서 파일명이 일치하지 않을 경우 실격 처리됩니다(예 : 내문서\ITQ\12345678-홍길동-인터넷.hwp). (시험시 제공되는 답안파일 양식을 사용하지 않을 경우에는 0점 처리됨)
- 답안 작성을 마치면 파일을 저장하고, '답안 전송' 버튼을 선택하여 감독위원 PC로 답안을 전송하십시오. 수험자 정보와 저장한 파일명이 다를 경우 전송되지 않으므로 주의하시기 바랍니다.
- 답안 작성 중에도 **주기적으로 저장하고 답안을 전송**하여야 문제 발생을 줄일 수 있습니다. 작업한 내용을 저장하지 않고 전송할 경우 이전에 저장된 내용이 전송되오니 이점 유의하시기 바랍니다.
- 시험 중 부주의 또는 고의로 시스템을 파손한 경우는 수험자가 변상해야 하며, <수험자 유의사항>에 기재된 방법대로 이행하지 않아 생기는 불이익은 수험자 당사자의 책임임을 알려 드립니다.
- 시험을 완료한 수험자는 답안파일이 전송되었는지 확인한 후 감독위원의 지시에 따라 문제지를 제출하고 퇴실합니다.

답안 작성요령

- 온라인 답안 작성 절차

  수험자 등록 ⇒ 시험 시작 ⇒ 답안파일 저장 ⇒ 답안 전송 ⇒ 시험 종료
- 시험 시작 전 시험과 무관한 프로그램의 실행을 중지시켜 주시기 바랍니다(채팅, 파일공유 등).
- 문제에 (정답)이라고 표시되어 있으면 정답만을 작성란에 기재하고, (정답, URL)이라고 표시되어 있으면 정답과 함께 URL을 반드시 기재하시기 바랍니다. 이를 준수하지 않을 경우 감점, 오답 처리 등 불이익이 있을 수 있습니다.
- 1번-3번, 5번-12번은 문제 번호에 따라 정답을 아래와 같이 답안파일에 정확히 기록하십시오.

문제유형		수검번호		성 명	
문제번호		답안			
6	정답	대한민국			

- 4번 문제는 번호에 따라 정답과 URL을 아래와 같이 답안파일에 정확히 기록하십시오(URL은 정답을 확인할 수 있는 최종 URL을 기재하십시오).

4	정답	ITQ정보기술자격
	URL	http://www.itq.or.kr/t_info/t_info_1.asp

- 4번 문제의 경우 개인 홈페이지나 블로그, 지식 검색(예 : 지식iN, 위키피디아 등)과 같이 개인 사견이 들어 있는 사이트, 첨부파일은 정답으로 인정하지 않습니다.
- 9번의 이미지 파일은 인터넷 답안지에 삽입한 후 반드시 지정된 이미지 크기로 변경하시기 바랍니다.
- 문제에서 제시한 단위, Full name 등의 조건에 맞도록 답안을 작성하시기 바랍니다.

ITQ 인터넷 ○ 인터넷 윤리(60점, 각 30점)

※ 문제에 대한 적절한 내용의 번호를 골라 답안지에 기재하시오.

문제 1 다음 그림은 우리나라의 대표적인 소셜 커머스 기업의 로고이다. 소셜 커머스의 설명으로 옳지 않은 것은?

① 일정 수가 모여야 거래가 성사되는 방식이다.
② SNS를 이용한 입소문 홍보를 주로 사용한다.
③ 소비자들의 자발적인 상품 홍보가 이루어진다.
④ 가격이 저렴하기 때문에 환불은 불가능하다.

문제 2 컴퓨터 및 인터넷을 사용할 때 지켜야 할 사항으로 옳지 않은 것은?

① 다른 사람의 작품을 표절하지 않는다.
② 다른 사람의 ID를 도용하지 않는다.
③ 온라인의 모든 정보는 공개된 것이므로 허락받지 않고 사용한다.
④ 셰어웨어(shareware)가 아닌 소프트웨어(software)는 복사하거나 사용하지 않는다.

ITQ 인터넷 ○ 인터넷 검색(370점)

■■ 일반검색 I (각 10점)

문제 3 다음 화가의 이름과 대표작에 해당하는 〈보기〉의 번호를 답안지에 적으시오(번호).

문제 3-1) 폴 고갱 ·· (   )
문제 3-2) 에드가 드가 ·· (   )
문제 3-3) 파블로 피카소 ·· (   )

【보기】

① 아비뇽의 처녀들　　② 씨 뿌리는 사람　　③ 발레 수업
④ 모나리자　　⑤ 황색 그리스도가 있는 자화상

일반검색 II (각 50점)

문제 4 기존 인간과 컴퓨터 사이의 네트워크에 일상생활에 산재된 사물과 물리적 대상을 추가시켜 자율적으로 정보를 수집, 관리 및 제어하는 시스템으로, 첨단 유비쿼터스 환경 구현을 위해 각종 센서에서 수집한 정보를 무선으로 수집할 수 있도록 구성한 네트워크를 무엇(영문 Full name)이라 하는지 검색하시오(정답, URL).

문제 5 인기 드라마 '별에서 온 그대'에서 열연했던 배우 김수현은 2013년 8월에 아파트를 매입했으며 최근 그가 사는 집의 옆집을 구입하기 위해 중국 부자들이 한국을 다녀간 것으로 확인됐다. 이 아파트 평형(217.86㎡)의 2014년 1월 국토교통부 실거래가격(금액: 만원)을 검색하시오(정답).

가로·세로 정보검색(각 30점)

※ 아래 각 문제의 설명을 읽고 가로·세로에 알맞은 단어를 답안에 기재하시오.

문제 6 (세로) '대들보 위의 군자'라는 뜻으로, 중국 후한 말엽 진식이라는 태구현(太丘縣) 현령(縣令)의 집에 들어온 도둑 일화에서 '집안에 들어온 도둑'을 비유하여 나온 사자성어를 검색하시오.

문제 7 (가로) 크리스마스트리로 인기가 많은 덕유산국립공원의 깃대종을 검색하시오.

문제 8 '잠자리에서 마시려고 머리맡에 떠 놓는 물'을 의미하는 우리말을 검색하시오.

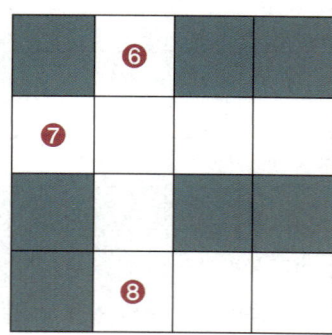

실용검색(각 50점)

문제 9 길찾기 서비스(포털 및 전문 검색사이트)를 이용하여 서울 여의도에서 김포공항을 대중교통으로 가는 경로를 찾아 전체화면을 캡처하여 답안파일에 붙여 넣으시오. (이미지 크기 150 × 100)

문제 10 '사랑, 환상, 모험'을 주제로 2014년 7월 17일부터 27일까지 국제영화제가 열렸다. 이 영화제의 개막작(작품명)을 검색하시오(정답).

문제 11 남극 세종과학기지가 준공된 지 26년 만에 우리나라 두 번째 남극기지인 장보고 과학기지가 준공됨에 따라 우리나라는 세계에서 열 번째로 남극에 두 개 이상 상설기지를 보유한 국가가 됐다. 장보고 기지의 영문 주소를 검색하시오(정답).

ITQ 인터넷 | 정보 가공(70점)

※ 제시된 주제에 따라 답안을 완성하시오.

문제 12 해양수산부는 우리나라 해양자원개발 및 환경 보전, 수산업 진흥 및 어촌개발 등 해양과 관련된 업무를 수행하는 정부 기관이다. 해양수산부에 대한 다음의 안내문 내용을 검색하여 완성하시오.

【답안】

해양수산부	
(12-1) 해양수산부의 캐릭터	(12-2) 해양수산부의 **3대 핵심가치** (12-3) 해양수산부의 **제6대 장관** (12-4) 해양수산부의 **비전**

제10회 실전모의고사

과목	코드	문제유형	시험시간	수험번호	성 명
인터넷	1152	A	60분		

수험자 유의사항

- 수험자는 문제지를 받는 즉시 **응시하고자 하는 과목의 문제지가 맞는지 확인**하여야 합니다.
- 시험과 직접 관련이 없는 행위 즉, 각종 웹사이트 로그인, 댓글 달기, 게시, 자료 업로드 등의 행위 또는 답안 내역을 보조기억장치 및 기타 통신수단(게시판, 이메일, 메신저, 네트워크 등)을 이용하여 타인에게 전달 또는 외부로 반출하는 경우는 자격기본법 제32에 의거 부정행위로 간주되어 본 시험 및 국가공인 자격시험을 2년간 응시할 수 없습니다.
- 내문서\ITQ폴더의 "답안파일-인터넷.hwp"파일을 열어 파일 이름을 "수험번호-성명-인터넷.hwp"로 답안폴더(내문서\ITQ\)에 다시 저장한 후 답안 작성을 시작하여야 하며, 답안문서 파일명이 일치하지 않을 경우 실격 처리됩니다(예 : 내문서\ITQ\12345678-홍길동-인터넷.hwp). (시험시 제공되는 답안파일 양식을 사용하지 않을 경우에는 0점 처리됨)
- 답안 작성을 마치면 파일을 저장하고, '답안 전송' 버튼을 선택하여 감독위원 PC로 답안을 전송하십시오. 수험자 정보와 저장한 파일명이 다를 경우 전송되지 않으므로 주의하시기 바랍니다.
- 답안 작성 중에도 **주기적으로 저장하고 답안을 전송**하여야 문제 발생을 줄일 수 있습니다. 작업한 내용을 저장하지 않고 전송할 경우 이전에 저장된 내용이 전송되오니 이점 유의하시기 바랍니다.
- 시험 중 부주의 또는 고의로 시스템을 파손한 경우는 수험자가 변상해야 하며, 〈수험자 유의사항〉에 기재된 방법대로 이행하지 않아 생기는 불이익은 수험자 당사자의 책임임을 알려 드립니다.
- 시험을 완료한 수험자는 답안파일이 전송되었는지 확인한 후 감독위원의 지시에 따라 문제지를 제출하고 퇴실합니다.

답안 작성요령

- 온라인 답안 작성 절차
  수험자 등록 ⇒ 시험 시작 ⇒ 답안파일 저장 ⇒ 답안 전송 ⇒ 시험 종료
- 시험 시작 전 시험과 무관한 프로그램의 실행을 중지시켜 주시기 바랍니다(채팅, 파일공유 등).
- 문제에 (정답)이라고 표시되어 있으면 정답만을 작성란에 기재하고, (정답, URL)이라고 표시되어 있으면 정답과 함께 URL을 반드시 기재하시기 바랍니다. 이를 준수하지 않을 경우 감점, 오답 처리 등 불이익이 있을 수 있습니다.
- 1번~3번, 5번~12번은 문제 번호에 따라 정답을 아래와 같이 답안파일에 정확히 기록하십시오.

문제유형		수검번호		성 명	
문제번호			답안		
6	정답		대한민국		

- 4번 문제는 번호에 따라 정답과 URL을 아래와 같이 답안파일에 정확히 기록하십시오(URL은 정답을 확인할 수 있는 최종 URL을 기재하십시오).

4	정답	ITQ정보기술자격
	URL	http://www.itq.or.kr/t_info/t_info_1.asp

- 4번 문제의 경우 개인 홈페이지나 블로그, 지식 검색(예 : 지식iN, 위키피디아 등)과 같이 개인 사견이 들어 있는 사이트, 첨부파일은 정답으로 인정하지 않습니다.
- 9번의 이미지 파일은 인터넷 답안지에 삽입한 후 반드시 지정된 이미지 크기로 변경하시기 바랍니다.
- 문제에서 제시한 단위, Full name 등의 조건에 맞도록 답안을 작성하시기 바랍니다.

ITQ 인터넷 — 인터넷 윤리(60점, 각 30점)

※ 문제에 대한 적절한 내용의 번호를 골라 답안지에 기재하시오.

문제 1 다음 그림은 웹브라우저에 추가 설치된 툴바이다. 툴바에 대한 설명으로 적절하지 않은 것은?

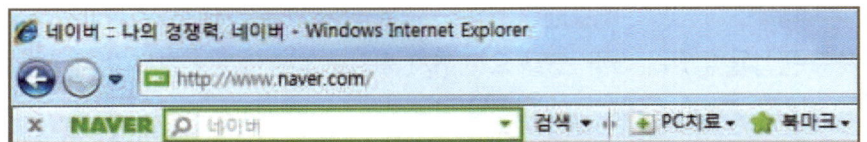

① 자주 사용하는 기능을 빠르게 실행할 수 있다.
② 여러 툴바를 한꺼번에 설치하는 것이 좋다.
③ 바이러스나 악성코드를 포함하는 경우도 있다.
④ 웹 브라우징 속도를 저하시키기도 한다.

문제 2 다음 중 게임 중독의 피해 현상으로 옳지 않은 것은?

① 컴퓨터를 켠 후 가장 먼저 게임을 시작한다.
② 게임을 할 시간과 계획을 정해 놓고 조절할 수 있다.
③ 자신이 현실생활보다는 게임에서 더 유능하다는 생각이 든다.
④ 게임을 하는 도중 주인공이 죽거나 다치면 마치 자신이 그렇게 된 느낌이 든다.

ITQ 인터넷 — 인터넷 검색(370점)

■■ 일반검색Ⅰ (각 10점)

문제 3 다음 행정구역과 도청 소재지에 해당하는 〈보기〉의 번호를 답안지에 적으시오(번호).

문제 3-1) 충청북도 ·· (   )
문제 3-2) 전라북도 ·· (   )
문제 3-3) 경상남도 ·· (   )

【보기】

| ① 남원군 | ② 청주시 | ③ 홍성군 |
| ④ 전주시 | ⑤ 창원시 | |

일반검색 II (각 50점)

문제 4 휴대성을 중시하여 갖고 다니며 이용할 수 있는 컴퓨터의 총칭으로 입력 장치는 음성 입력과 한 손용 버튼, 출력 장치는 단안용 헤드 마운트 디스플레이(HMD)를 갖추고 있고 컴퓨터 본체와 하드디스크는 주머니에 장착할 수 있도록 되어 있다. 이것이 **무엇**(영문 Full name)인지 검색하시오(정답, URL).

문제 5 2014년 5월 말에 걸쳐 전국이 황사로 몸살을 앓았다. 5월 28일 오전 11시 백령도에서 집계한 **황사 먼지 관측 농도**(1시간 평균농도, 단위: μg/㎥)를 기상청 홈페이지에서 검색하시오(정답).

가로·세로 정보검색(각 30점)

※ 아래 각 문제의 설명을 읽고 가로·세로에 알맞은 단어를 답안에 기재하시오.

문제 6 (세로) '어떤 일을 가늠해보아 스스로 해낼만한 능력'을 의미하는 **우리말**을 검색하시오.

문제 7 (세로) 수도권 지하철 1호선 부개역에서 공항선 검암역으로 가기 위한 최단 거리 노선 중 환승해야 할 두 번째 지하철(전철) **역명**을 검색하시오.

문제 8 (가로) '신을 신고 발바닥을 긁는다' 라는 뜻으로 필요한 것을 제대로 해결하지 못해 성에 차지않아 답답함을 의미하는 **사자성어**를 검색하시오.

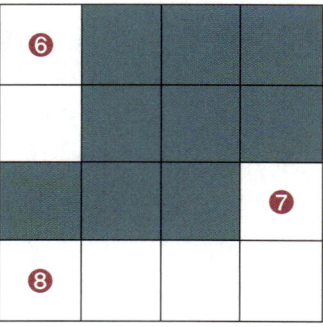

실용검색(각 50점)

문제 9 길찾기 서비스(포털 및 전문 검색사이트)를 이용하여 상록수역에서 안산습지공원을 도보로 가는 경로를 찾아 전체화면을 캡처하여 답안파일에 붙여 넣으시오. (이미지 크기 150 x 100)

문제 10 국제 노동기구(ILO)는 18세 미만 아동의 존엄성을 박탈하고 정신적·신체적·도덕적 성장에 해가 되는 노동을 근절하기 위해 2002년에 기념일을 제정하였다. 이 기념일의 **날짜**(월일)를 검색하시오(정답).

문제 11 다음의 내용에서 밑줄 친 국보 문화재의 **이름**(문화재 정식등록명칭)을 검색하시오(정답).

> 사적 제124호 덕수궁은 조선시대의 궁궐로 본래 이름은 경운궁이었으며 덕수궁 내에는 국보 문화재 1점과 보물 문화재 3점이 있다.

ITQ 인터넷 · 정보 가공(70점)

※ 제시된 주제에 따라 답안을 완성하시오.

문제 12 국립중앙박물관은 우리나라의 역사와 문화, 예술의 가치를 배우고 체험할 수 있는 공간이다. 국립중앙박물관에 대한 다음의 안내문 내용을 검색하여 완성하시오.

【답안】

국립중앙박물관	
(12-1) 국립중앙박물관의 심볼마크	(12-2) 국립중앙박물관의 **개관일** (12-3) 국립중앙박물관의 수요일, 토요일 **관람 시간** (12-4) 국립중앙박물관의 **위치 주소**

INFORMATION

TECHNOLOGY

QUALIFICATION

Part 03
연습기출문제

01회_ 연습기출문제
02회_ 연습기출문제
03회_ 연습기출문제
04회_ 연습기출문제
05회_ 연습기출문제
06회_ 연습기출문제
07회_ 연습기출문제
08회_ 연습기출문제
09회_ 연습기출문제
10회_ 연습기출문제

제 01 회 연습기출문제

Information Technology Qualification

과 목	코 드	문제유형	시험시간	수험번호	성 명
인터넷	1152	A	60분		

수험자 유의사항

- 수험자는 문제지를 받는 즉시 **응시하고자 하는 과목의 문제지가 맞는지 확인**하여야 합니다.
- 시험과 직접 관련이 없는 행위 즉, 각종 웹사이트 로그인, 댓글 달기, 게시, 자료 업로드 등의 행위 또는 답안 내역을 보조기억장치 및 기타 통신수단(게시판, 이메일, 메신저, 네트워크 등)을 이용하여 타인에게 전달 또는 외부로 반출하는 경우는 자격기본법 제32에 의거 부정행위로 간주되어 본 시험 및 국가공인 자격시험을 2년간 응시할 수 없습니다.
- 내문서\ITQ폴더의 "답안파일-인터넷.hwp"파일을 열어 파일 이름을 "수험번호-성명-인터넷.hwp"로 답안폴더(내문서\ITQ\)에 다시 저장한 후 답안 작성을 시작하여야 하며, 답안문서 파일경로가 일치하지 않을 경우 실격 처리됩니다(예 : 내문서\ITQ\12345678-홍길동-인터넷.hwp). (시험시 제공되는 답안파일 양식을 사용하지 않을 경우에는 0점 처리됨)
- 답안 작성을 마치면 파일을 저장하고, '답안 전송' 버튼을 선택하여 감독위원 PC로 답안을 전송하십시오. 수험자 정보와 저장한 파일명이 다를 경우 전송되지 않으므로 주의하시기 바랍니다.
- 답안 작성 중에도 **주기적으로 저장하고 답안을 전송**하여야 문제 발생을 줄일 수 있습니다. 작업한 내용을 저장하지 않고 전송할 경우 이전에 저장된 내용이 전송되오니 이점 유의하시기 바랍니다.
- 시험 중 부주의 또는 고의로 시스템을 파손한 경우는 수험자가 변상해야 하며, 〈수험자 유의사항〉에 기재된 방법대로 이행하지 않아 생기는 불이익은 수험자 당사자의 책임임을 알려 드립니다.
- 시험을 완료한 수험자는 답안파일이 전송되었는지 확인한 후 감독위원의 지시에 따라 문제지를 제출하고 퇴실합니다.

답안 작성요령

- 온라인 답안 작성 절차
  수험자 등록 ⇒ 시험 시작 ⇒ 답안파일 저장 ⇒ 답안 전송 ⇒ 시험 종료
- 시험 시작 전 시험과 무관한 프로그램의 실행을 중지시켜 주시기 바랍니다(채팅, 파일공유 등).
- 문제에 (정답)이라고 표시되어 있으면 정답만을 작성란에 기재하고, (정답, URL)이라고 표시되어 있으면 정답과 함께 URL을 반드시 기재하시기 바랍니다. 이를 준수하지 않을 경우 감점, 오답 처리 등 불이익이 있을 수 있습니다.
- 1번-3번, 5번-12번은 문제 번호에 따라 정답을 아래와 같이 답안파일에 정확히 기록하십시오.

문제유형		수검번호		성 명	
문제번호			답안		
6	정답		대한민국		

- 4번 문제는 번호에 따라 정답과 URL을 아래와 같이 답안파일에 정확히 기록하십시오(URL은 정답을 확인할 수 있는 최종 URL을 기재하십시오).

4	정답	ITQ정보기술자격
	URL	http://www.itq.or.kr/t_info/t_info_1.asp

- 4번 문제의 경우 개인 홈페이지나 블로그, 지식 검색(예 : 지식iN, 위키피디아 등)과 같이 개인 사견이 들어 있는 사이트, 첨부파일은 정답으로 인정하지 않습니다.
- 9번의 이미지 파일은 인터넷 답안지에 삽입한 후 반드시 지정된 이미지 크기로 변경하시기 바랍니다.
- 문제에서 제시한 단위, Full name 등의 조건에 맞도록 답안을 작성하시기 바랍니다.

ITQ 인터넷 — 인터넷 윤리(60점, 각 30점)

※ 문제에 대한 적절한 내용의 번호를 골라 답안지에 기재하시오.

문제 1 다음 그림은 보호나라의 악성봇 감염 확인 화면이다. 악성봇을 예방하기 위한 방법으로 틀린 것은?

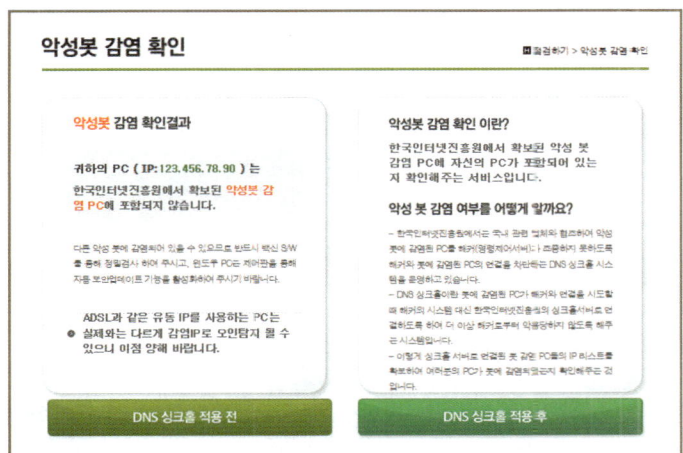

① 백신 프로그램을 사용한다.
② 컴퓨터에 암호를 설정한다.
③ 윈도우 업데이트를 사용하지 않는다.
④ 공용 컴퓨터에는 공인인증서를 저장하지 않는다.

문제 2 인터넷 유해 정보가 아닌 것은?

① 자신의 사진이나 일기 등의 내용을 공개한 개인 블로그 내용
② 청소년 유해매체물로서 표시의무를 이행하지 않고 영리를 취하는 내용
③ 개인이나 단체에 대한 비방이나 허위 사실에 관한 내용
④ 금전(사이버머니) 거래를 통한 도박행위를 하거나 조장하는 내용

ITQ 인터넷 — 인터넷 검색(370점)

일반검색 I (각 10점)

문제 3 다음 전국체육대회가 열린 회차와 개최지에 해당하는 〈보기〉의 번호를 답안지에 적으시오(번호).

문제 3-1) 88회 전국체육대회 ·· (   )
문제 3-2) 90회 전국체육대회 ·· (   )
문제 3-3) 92회 전국체육대회 ·· (   )

【보기】

① 광주광역시	② 전라남도	③ 대전광역시
④ 경상남도	⑤ 경기도	

일반검색 II (각 50점)

문제 4 인터넷상에서 자신의 의견을 자유롭게 표현하고 사진이나 동영상 등을 게시하는 등 커뮤니케이션 활동 중에, 한 번 작성한 글이나 전송한 메시지는 결코 사라지지 않는 디지털 데이터의 속성에 대하여 자신의 의지에 따라 자신이 남긴 특정 기록을 삭제하거나 정정할 수 있는 권리를 의미하는 **용어**를 검색하시오(정답, URL).

문제 5 통계청에 따르면, 신생아 수가 점차 줄어드는 가운데 여아 100명당 남아 수를 나타내는 출생성비도 점차 감소하고 있다. 통계청(국가통계포털)에서 2012년 전라남도의 **총출생성비**(단위: 명)를 검색하시오(정답).

가로·세로 정보검색(각 30점)

※ 아래 각 문제의 설명을 읽고 가로·세로에 알맞은 단어를 답안에 기재하시오(정답).

문제 6 (세로) '시기에 늦었음을 한탄한다'라는 뜻으로, 정해진 시간이나 시기가 너무 늦어서 기회를 놓치고 일이 지나간 뒤에 때늦은 탄식을 하면 아무 소용이 없다는 의미의 **사자성어**를 검색하시오.

문제 7 (가로) 천연기념물로 지정된 경북 영양군의 소나무로 나무의 가지가 아주 많아 이름이 붙여졌다. 이 소나무의 **이름**을 검색하시오.

문제 8 (세로) 글을 읽을 때 하나하나 자세하게 읽지 않고 내용을 건너뛰면서 띄엄띄엄 읽는 글을 의미하는 **우리말**을 검색하시오.

실용검색(각 50점)

문제 9 길찾기 서비스(포털 및 전문 검색사이트)를 이용하여 수원시청에서 에버랜드를 자동차로 가는 경로를 찾아 전체화면을 캡처하여 답안파일에 붙여 넣으시오. (이미지 크기 150 x 100)

문제 10 환경위기시계는 지구환경 파괴에 따른 전 세계 환경전문가들이 느끼는 인류 생존의 위기감을 시간으로 표시한 것으로, 12시에 가까울수록 인류 생존이 불가능한 위험한 수준을 뜻한다. 최근에는 계속 9시 이후로 위험한 수준을 유지하고 있다. 2013년 9월 발표한 우리나라 **환경위기 시간**을 검색하시오(정답).

문제 11 효명세자가 사대부 집을 모방하여 궁궐 안에 120여 칸 민가형식의 집을 지었다. 보물 문화재인 이 집의 **이름**을 검색하시오(정답).

ITQ 인터넷 | 정보 가공(70점)

※ 제시된 주제에 따라 답안을 완성하시오.

문제 12 드림스타트는 취약계층 아동들에게 맞춤형 통합서비스를 제공하여 건강한 성장과 발달, 공평한 출발기회를 보장해 행복한 사회구성원으로 성장할 수 있도록 지원하는 사업이다. 드림스타트에 대한 다음의 안내문 내용을 검색하여 완성하시오.

【답안】

드림스타트	
(12-1) 드림스타트 CI	(12-2) 드림스타트의 **사업대상** (12-3) 드림스타트 **사업 지원단 전화번호** (12-4) **대전지역 드림스타트 수**

제 02 회 연습기출문제

과 목	코 드	문제유형	시험시간	수험번호	성 명
인터넷	1152	A	60분		

수험자 유의사항

- 수험자는 문제지를 받는 즉시 **응시하고자 하는 과목의 문제지가 맞는지 확인**하여야 합니다.
- 시험과 직접 관련이 없는 행위 즉, 각종 웹사이트 로그인, 댓글 달기, 게시, 자료 업로드 등의 행위 또는 답안 내역을 보조기억장치 및 기타 통신수단(게시판, 이메일, 메신저, 네트워크 등)을 이용하여 타인에게 전달 또는 외부로 반출하는 경우는 자격기본법 제32에 의거 부정행위로 간주되어 본 시험 및 국가공인 자격시험을 2년간 응시할 수 없습니다.
- 내문서\ITQ폴더의 "답안파일-인터넷.hwp"파일을 열어 파일 이름을 "수험번호-성명-인터넷.hwp"로 답안폴더(내문서\ITQ\)에 다시 저장한 후 답안 작성을 시작하여야 하며, 답안문서 파일명이 일치하지 않을 경우 실격 처리됩니다(예 : 내문서\ITQ\12345678-홍길동-인터넷.hwp). (시험시 제공되는 답안파일 양식을 사용하지 않을 경우에는 0점 처리됨)
- 답안 작성을 마치면 파일을 저장하고, '답안 전송' 버튼을 선택하여 감독위원 PC로 답안을 전송하십시오. 수험자 정보와 저장한 파일명이 다를 경우 전송되지 않으므로 주의하시기 바랍니다.
- 답안 작성 중에도 **주기적으로 저장하고 답안을 전송**하여야 문제 발생을 줄일 수 있습니다. 작업한 내용을 저장하지 않고 전송할 경우 이전에 저장된 내용이 전송되오니 이점 유의하시기 바랍니다.
- 시험 중 부주의 또는 고의로 시스템을 파손한 경우는 수험자가 변상해야 하며, 〈수험자 유의사항〉에 기재된 방법대로 이행하지 않아 생기는 불이익은 수험자 당사자의 책임임을 알려 드립니다.
- 시험을 완료한 수험자는 답안파일이 전송되었는지 확인한 후 감독위원의 지시에 따라 문제지를 제출하고 퇴실합니다.

답안 작성요령

- 온라인 답안 작성 절차
  수험자 등록 ⇒ 시험 시작 ⇒ 답안파일 저장 ⇒ 답안 전송 ⇒ 시험 종료
- 시험 시작 전 시험과 무관한 프로그램의 실행을 중지시켜 주시기 바랍니다(채팅, 파일공유 등).
- 문제에 (정답)이라고 표시되어 있으면 정답만을 작성란에 기재하고, (정답, URL)이라고 표시되어 있으면 정답과 함께 URL을 반드시 기재하시기 바랍니다. 이를 준수하지 않을 경우 감점, 오답 처리 등 불이익이 있을 수 있습니다.
- 1번-3번, 5번-12번은 문제 번호에 따라 정답을 아래와 같이 답안파일에 정확히 기록하십시오.

문제유형		수검번호		성 명	
문제번호			답안		
6	정답		대한민국		

- 4번 문제는 번호에 따라 정답과 URL을 아래와 같이 답안파일에 정확히 기록하십시오(URL은 정답을 확인할 수 있는 최종 URL을 기재하십시오).

4	정답	ITQ정보기술자격
	URL	http://www.itq.or.kr/t_info/t_info_1.asp

- 4번 문제의 경우 개인 홈페이지나 블로그, 지식 검색(예 : 지식iN, 위키피디아 등)과 같이 개인 사견이 들어 있는 사이트, 첨부파일은 정답으로 인정하지 않습니다.
- 9번의 이미지 파일은 인터넷 답안지에 삽입한 후 반드시 지정된 이미지 크기로 변경하시기 바랍니다.
- 문제에서 제시한 단위, Full name 등의 조건에 맞도록 답안을 작성하시기 바랍니다.

ITQ 인터넷 — 인터넷 윤리(60점, 각 30점)

※ 문제에 대한 적절한 내용의 번호를 골라 답안지에 기재하시오.

문제 1 다음 그림은 해킹된 사이트의 첫 화면이다. 해킹을 방지하는 방어책으로 올바르지 않은 것은?

① 컴퓨터를 업그레이드 한다.
② 수상한 이메일은 열어보지 않는다.
③ 시스템의 보안 업데이트를 실행한다.
④ 최신 버전의 백신을 설치한다.

문제 2 인터넷에서 올바른 언어 사용을 위한 학교에서의 노력으로 옳지 않은 것은?

① 언어폭력과 허위 비방이 다른 친구에게는 크나큰 정신적 피해임을 주지시킨다.
② 학교에서 운영되는 홈페이지에 표준어법의 언어를 사용할 것을 권장한다.
③ 올바른 한글 사용은 우리 고유의 문화를 지킨다는 맥락에서 교육한다.
④ 언어파괴 형식의 글은 개인적 문서에만 사용할 수 있도록 한다.

ITQ 인터넷 — 인터넷 검색(370점)

일반검색 I (각 10점)

문제 3 다음 32회 청룡영화제 수상 부문과 수상자에 해당하는 〈보기〉의 번호를 답안지에 적으시오(번호).

문제 3-1) 감독상 ……………………………………………………………………… (   )
문제 3-2) 남우주연상 …………………………………………………………………… (   )
문제 3-3) 신인남우상 …………………………………………………………………… (   )

【보기】

| ① 김한민 | ② 김운석 | ③ 박해일 |
| ④ 류승완 | ⑤ 이지훈 | ⑥ 류승룡 |

일반검색 II (각 50점)

문제 4 일확천금의 꿈을 안고 인터넷상의 컴퓨터 주소(도메인), 특히 기업·단체·기관·조직 등의 이름과 같은 인터넷 주소를 투기나 판매 목적으로 선점하는 행위를 말한다. 이것을 **무엇**이라 하는지 검색하시오(정답, URL).

문제 5 2012년에는 귀농과 귀촌 등 사회적 현상과 맞물려 통계를 집계한 1960년 이후 처음으로 우리나라 전체 인구 중 도시에 살고 있는 비율이 감소했으나 2013년에는 1년 만에 증가세로 전환했다. e-나라지표의 도시 일반 현황에서 도시지역기준의 **2012년 도시지역인구**(단위: 천인)를 검색하시오(정답).

가로·세로 정보검색(각 30점)

※ 아래 각 문제의 설명을 읽고 가로·세로에 알맞은 단어를 답안에 기재하시오(정답).

문제 6 '모기를 보고 칼을 뽑는다' 라는 뜻으로, 작은 일에 직면하였을 때 지나치게 크게 대응하는 일을 가리켜 이르는 말의 **사자성어**를 검색하시오.

문제 7 (가로) WTO 체제 내에서 다른 회원국과 맺은 약속을 **무엇**이라 하는지 검색하시오.

문제 8 (가로) '근심이나 걱정이 없어져서 마음을 놓고 편안히 자는 잠'을 이르는 **우리말**을 검색하시오.

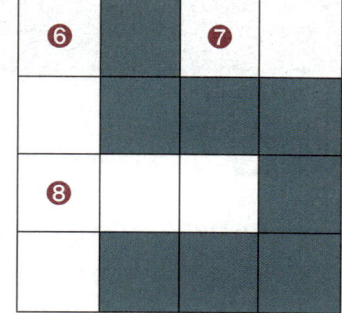

실용검색(각 50점)

문제 9 길찾기 서비스(포털 및 전문 검색사이트)를 이용하여 인천역에서 월미도를 도보로 가는 경로를 찾아 전체화면을 캡처하여 답안파일에 붙여 넣으시오. (이미지 크기 150 x 100)

문제 10 홍수경보는 홍수예보를 발령하는 지점의 수위가 계속 상승하여 경보위험 홍수위를 초과할 것으로 예상되는 경우 발령된다. 전곡(한탄강 사랑교) 지점의 홍수경보 발령 **수위기준**(수위표기준: m)을 검색하시오(정답).

문제 11 재·보궐 선거는 대통령, 국회의원 또는 기초·광역단체장 등의 빈자리가 생겼을 때 이를 메우기 위해 실시한다. 4월 1일부터 9월 30일까지의 사이에 선거 실시사유가 확정된 때의 2014년 하반기 재·보궐 **선거예정일**(월일)을 검색하시오(정답).

ITQ 인터넷 — 정보 가공(70점)

※ 제시된 주제에 따라 답안을 완성하시오.

문제 12 한국관광공사는 해외 관광객 유치를 위한 전문관광진흥기관으로 설립되어 현재 한국 관광 홍보 및 외래 관광객 유치, 국제 협력, 관광 자원 개발 기획 등의 업무를 하고 있다. 한국관광공사에 대한 다음의 안내문 내용을 검색하여 완성하시오.

【답안】

한국관광공사	
(12-1) 한국관광공사의 심벌마크	(12-2) 한국관광공사의 **관광안내전시관 주소** (12-3) 한국관광공사의 **제22대 CEO 이름** (12-4) 한국관광공사의 **관광안내전화 대표전화번호**

제 03 회 연습기출문제

과목	코드	문제유형	시험시간	수험번호	성명
인터넷	1152	A	60분		

수험자 유의사항

- 수험자는 문제지를 받는 즉시 **응시하고자 하는 과목의 문제지가 맞는지 확인**하여야 합니다.
- 시험과 직접 관련이 없는 행위 즉, 각종 웹사이트 로그인, 댓글 달기, 게시, 자료 업로드 등의 행위 또는 답안 내역을 보조기억장치 및 기타 통신수단(게시판, 이메일, 메신저, 네트워크 등)을 이용하여 타인에게 전달 또는 외부로 반출하는 경우는 자격기본법 제32에 의거 부정행위로 간주되어 본 시험 및 국가공인 자격시험을 2년간 응시할 수 없습니다.
- 내문서\ITQ폴더의 "답안파일-인터넷.hwp"파일을 열어 파일 이름을 "수험번호-성명-인터넷.hwp"로 답안폴더(내문서\ITQ\)에 다시 저장한 후 답안 작성을 시작하여야 하며, 답안문서 파일명이 일치하지 않을 경우 실격 처리됩니다(예 : 내문서\ITQ\12345678-홍길동-인터넷.hwp). (시험시 제공되는 답안파일 양식을 사용하지 않을 경우에는 0점 처리됨)
- 답안 작성을 마치면 파일을 저장하고, '답안 전송' 버튼을 선택하여 감독위원 PC로 답안을 전송하십시오. 수험자 정보와 저장한 파일명이 다를 경우 전송되지 않으므로 주의하시기 바랍니다.
- 답안 작성 중에도 **주기적으로 저장하고 답안을 전송**하여야 문제 발생을 줄일 수 있습니다. 작업한 내용을 저장하지 않고 전송할 경우 이전에 저장된 내용이 전송되오니 이점 유의하시기 바랍니다.
- 시험 중 부주의 또는 고의로 시스템을 파손한 경우는 수험자가 변상해야 하며, 〈수험자 유의사항〉에 기재된 방법대로 이행하지 않아 생기는 불이익은 수험자 당사자의 책임임을 알려 드립니다.
- 시험을 완료한 수험자는 답안파일이 전송되었는지 확인한 후 감독위원의 지시에 따라 문제지를 제출하고 퇴실합니다.

답안 작성요령

- 온라인 답안 작성 절차
  수험자 등록 ⇒ 시험 시작 ⇒ 답안파일 저장 ⇒ 답안 전송 ⇒ 시험 종료
- 시험 시작 전 시험과 무관한 프로그램의 실행을 중지시켜 주시기 바랍니다(채팅, 파일공유 등).
- 문제에 (정답)이라고 표시되어 있으면 정답만을 작성란에 기재하고, (정답, URL)이라고 표시되어 있으면 정답과 함께 URL을 반드시 기재하시기 바랍니다. 이를 준수하지 않을 경우 감점, 오답 처리 등 불이익이 있을 수 있습니다.
- 1번-3번, 5번-12번은 문제 번호에 따라 정답을 아래와 같이 답안파일에 정확히 기록하십시오.

문제유형		수검번호		성 명	
문제번호		답안			
6	정답	대한민국			

- 4번 문제는 번호에 따라 정답과 URL을 아래와 같이 답안파일에 정확히 기록하십시오(URL은 정답을 확인할 수 있는 최종 URL을 기재하십시오).

4	정답	ITQ정보기술자격
	URL	http://www.itq.or.kr/t_info/t_info_1.asp

- 4번 문제의 경우 개인 홈페이지나 블로그, 지식 검색(예 : 지식iN, 위키피디아 등)과 같이 개인 사견이 들어 있는 사이트, 첨부파일은 정답으로 인정하지 않습니다.
- 9번의 이미지 파일은 인터넷 답안지에 삽입한 후 반드시 지정된 이미지 크기로 변경하시기 바랍니다.
- 문제에서 제시한 단위, Full name 등의 조건에 맞도록 답안을 작성하시기 바랍니다.

ITQ 인터넷 — 인터넷 윤리(60점, 각 30점)

※ 문제에 대한 적절한 내용의 번호를 골라 답안지에 기재하시오.

문제 1 다음 그림은 대표적인 검색 사이트인 구글이다. 검색 사이트에 대한 설명으로 올바르지 않은 것은?

① 지도와 길찾기 서비스를 제공한다.
② 사진이나 이미지를 검색할 수 있다.
③ 정확한 검색을 위한 검색 도구를 제공한다.
④ 다른 사람의 검색 기록을 공유할 수 있다.

문제 2 인터넷 사용 중 지켜야 할 네티켓으로 옳지 않은 것은?

① 저작권을 침해할 소지가 있는 자료는 임의로 게시판에 올리지 않는다.
② 상용 프로그램은 필요로 하는 사람에게 보내어 서로 공유한다.
③ 홈페이지를 만들 때에는 첫 화면에 사이트 맵을 포함시킨다.
④ 파일의 용량이 크면 가급적 압축하여 업로드한다.

ITQ 인터넷 — 인터넷 검색(370점)

일반검색Ⅰ (각 10점)

문제 3 다음 제30회 런던 올림픽 참가국과 순위에 해당하는 〈보기〉의 번호를 답안지에 적으시오(번호).

문제 3-1) 헝가리 ·· (   )

문제 3-2) 카자흐스탄 ··· (   )

문제 3-3) 러시아 ·· (   )

【보기】

① 4위	② 7위	③ 9위
④ 12위	⑤ 14위	⑥ 17위

일반검색 II (각 50점)

문제 4 발전소와 송전·배전 시설과 전력 소비자를 정보통신망으로 연결하고 양방향으로 공유하는 정보를 통하여 전력시스템 전체가 한 몸처럼 효율적으로 작동하는 것을 기본 개념으로 하는 차세대 지능형 전력망을 **무엇**이라 하는지 검색하시오(정답, URL).

문제 5 지난 7월 18일 오후 부산에 돌풍과 함께 천둥, 낙뢰를 동반한 기습폭우가 내리는 바람에 정전사고 등 피해가 속출했다. 부산기상청에서 측정한 2014년 7월 18일의 **일강수량**(단위: mm)을 검색하시오(정답).

가로·세로 정보검색(각 30점)

※ 아래 각 문제의 설명을 읽고 가로·세로에 알맞은 단어를 답안에 기재하시오(정답).

문제 6 (세로) '묻지 않아도 알 수 있음' 이라는 뜻의 **사자성어**를 검색하시오.

문제 7 (가로) 지나간 허물을 들추어 흉봄 또는 그런 흉을 이르는 **우리말**을 검색하시오.

문제 8 (가로) 차분하고 꾸준한 모양을 나타내는 **우리말**을 검색하시오.

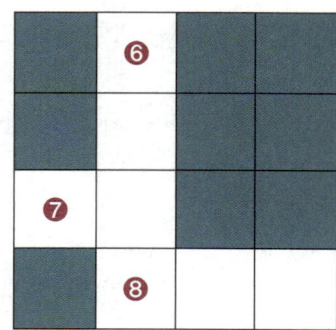

실용검색(각 50점)

문제 9 길찾기 서비스(포털 및 전문 검색사이트)를 이용하여 화도돈대에서 옥토끼우주센터를 자동차로 가는 경로를 찾아 전체화면을 캡처하여 답안파일에 붙여 넣으시오. (이미지 크기 150 x 100)

문제 10 대법관은 대법원장의 제청으로 국회의 동의를 얻어 대통령이 임명하며, 대법관의 수는 법률로 정한다. 현재 대법원장을 포함하여 대법관은 **몇 명**으로 규정되어 있는지 검색하시오(정답).

문제 11 코레일 홈페이지에서 승차권 예약을 위해 요금을 조회하려고 한다. 8월 13일(수) 오전 08시 00분에 부산역에서 출발하여 인천공항역에 도착하는 직행 KTX(일반실 좌석) 어른 1명의 **편도 요금**(단위:원)을 검색하시오(정답).

ITQ 인터넷 — 정보 가공(70점)

※ 제시된 주제에 따라 답안을 완성하시오.

문제 12 사회복지공동모금회는 국민의 성금으로 마련된 재원을 공정하게 관리하기 위해 설립된 사회복지법인이다. 사회복지공동모금회에 대한 다음의 안내문 내용을 검색하여 완성하시오.

【답안】

사회복지공동모금회	
(12-1) 사회복지공동모금회 사랑의 열매 이미지	(12-2) 사회복지공동모금회의 **미션** (12-3) 사회복지공동모금회의 **모금 ARS 첫 개통일**(연, 월) (12-4) 사회복지공동모금회의 **공식 상징물(사랑의 열매) 등록일**(연, 월)

제 04 회 연습기출문제

과 목	코 드	문제유형	시험시간	수험번호	성 명
인터넷	1152	A	60분		

수험자 유의사항

- 수험자는 문제지를 받는 즉시 **응시하고자 하는 과목의 문제지가 맞는지 확인**하여야 합니다.
- 시험과 직접 관련이 없는 행위 즉, 각종 웹사이트 로그인, 댓글 달기, 게시, 자료 업로드 등의 행위 또는 답안 내역을 보조기억장치 및 기타 통신수단(게시판, 이메일, 메신저, 네트워크 등)을 이용하여 타인에게 전달 또는 외부로 반출하는 경우는 자격기본법 제32에 의거 부정행위로 간주되어 본 시험 및 국가공인 자격시험을 2년간 응시할 수 없습니다.
- 내문서\ITQ폴더의 "답안파일–인터넷.hwp" 파일을 열어 파일 이름을 "수험번호–성명–인터넷.hwp"로 답안폴더(내문서\ITQ\)에 다시 저장한 후 답안 작성을 시작하여야 하며, 답안문서 파일명이 일치하지 않을 경우 실격 처리됩니다(예 : 내문서\ITQ\12345678–홍길동–인터넷.hwp). (시험시 제공되는 답안파일 양식을 사용하지 않을 경우에는 0점 처리됨)
- 답안 작성을 마치면 파일을 저장하고, '답안 전송' 버튼을 선택하여 감독위원 PC로 답안을 전송하십시오. 수험자 정보와 저장한 파일명이 다를 경우 전송되지 않으므로 주의하시기 바랍니다.
- 답안 작성 중에도 **주기적으로 저장하고 답안을 전송**하여야 문제 발생을 줄일 수 있습니다. 작업한 내용을 저장하지 않고 전송할 경우 이전에 저장된 내용이 전송되오니 이점 유의하시기 바랍니다.
- 시험 중 부주의 또는 고의로 시스템을 파손한 경우는 수험자가 변상해야 하며, <수험자 유의사항>에 기재된 방법대로 이행하지 않아 생기는 불이익은 수험자 당사자의 책임임을 알려 드립니다.
- 시험을 완료한 수험자는 답안파일이 전송되었는지 확인한 후 감독위원의 지시에 따라 문제지를 제출하고 퇴실합니다.

답안 작성요령

- 온라인 답안 작성 절차

  수험자 등록 ⇒ 시험 시작 ⇒ 답안파일 저장 ⇒ 답안 전송 ⇒ 시험 종료
- 시험 시작 전 시험과 무관한 프로그램의 실행을 중지시켜 주시기 바랍니다(채팅, 파일공유 등).
- 문제에 (정답)이라고 표시되어 있으면 정답만을 작성란에 기재하고, (정답, URL)이라고 표시되어 있으면 정답과 함께 URL을 반드시 기재하시기 바랍니다. 이를 준수하지 않을 경우 감점, 오답 처리 등 불이익이 있을 수 있습니다.
- 1번–3번, 5번–12번은 문제 번호에 따라 정답을 아래와 같이 답안파일에 정확히 기록하십시오.

문제유형		수검번호		성 명	
문제번호			답안		
6	정답		대한민국		

- 4번 문제는 번호에 따라 정답과 URL을 아래와 같이 답안파일에 정확히 기록하십시오(URL은 정답을 확인할 수 있는 최종 URL을 기재하십시오).

4	정답	ITQ정보기술자격
	URL	http://www.itq.or.kr/t_info/t_info_1.asp

- 4번 문제의 경우 개인 홈페이지나 블로그, 지식 검색(예 : 지식iN, 위키피디아 등)과 같이 개인 사견이 들어 있는 사이트, 첨부파일은 정답으로 인정하지 않습니다.
- 9번의 이미지 파일은 인터넷 답안지에 삽입한 후 반드시 지정된 이미지 크기로 변경하시기 바랍니다.
- 문제에서 제시한 단위, Full name 등의 조건에 맞도록 답안을 작성하시기 바랍니다.

ITQ 인터넷 — 인터넷 윤리(60점, 각 30점)

※ 문제에 대한 적절한 내용의 번호를 골라 답안지에 기재하시오.

문제 1 다음 그림은 다음 클라우드의 화면이다. 클라우드 서비스를 통해 할 수 있는 기능으로 올바르지 않은 것은?

① 컴퓨터의 파일을 올릴 수 있다.
② 모바일에서는 사용할 수 없다.
③ 파일을 다른 사람과 공유할 수 있다.
④ 컴퓨터와 동기화할 수 있다.

문제 2 국민들이 지켜야 할 개인정보보호 실천 수칙으로 옳지 않은 것은?

① 택배 운송장을 버릴 때 개인정보는 알아볼 수 없도록 파기한다.
② 부동산 거래 및 신고 시에는 주민등록번호를 제공하지 않는다.
③ 공인인증서 등 중요 정보는 PC에 저장하지 않는다.
④ 경품, 이벤트 이용 시 개인정보 제공사항을 꼼꼼히 확인한

ITQ 인터넷 — 인터넷 검색(370점)

일반검색 I (각 10점)

문제 3 다음 운동경기 종목와 한 팀의 선수 수에 해당하는 〈보기〉의 번호를 답안지에 적으시오(번호).

문제 3-1) 야구 ·· (   )
문제 3-2) 축구 ·· (   )
문제 3-3) 농구 ·· (   )

【보기】

| ① 5명 | ② 6명 | ③ 9명 |
| ④ 10명 | ⑤ 11명 | ⑥ 13명 |

일반검색 II (각 50점)

문제 4 온라인상에서 타인에게 미치는 영향력의 정도를 표현한 것으로, 개인의 소셜 네트워크 서비스(SNS)를 포함한 온라인 활동과 다양한 주제에 대한 영향력을 평가해 숫자로 반영한 것을 의미하는 **용어**를 검색하시오(정답, URL).

문제 5 2014년 2월부터 5개월간 달러당 76원이나 내렸던 원-달러 환율이 7월 3일 최저점을 기록한 이후 다시 상승세를 이어갔다. 한국은행 고시 종가기준으로 2014년 7월 3일의 미국 달러화(USD)에 대한 **최종 매매기준율**(원/달러(종가))을 검색하시오(정답).

가로·세로 정보검색(각 30점)

※ 아래 각 문제의 설명을 읽고 가로·세로에 알맞은 단어를 답안에 기재하시오(정답).

문제 6 (세로) 창경궁 월근문 동쪽으로 '국립과학관'이 준공된 이후 창경궁과 담장을 쌓고 창경궁과 과학관 사이에 문이 만들어졌다. 현판에 쓰인 이 문의 **이름**을 검색하시오.

문제 7 (세로) 예전에, 여러 사람을 모조리 매로 때리는 일을 **이르던 말**을 검색하시오.

문제 8 (가로) '수레에서 덧방나무와 바퀴가 서로 의지한다'는 뜻으로, 서로 도와서 의지하는 깊은 관계를 이르는 말의 **사자성어**를 검색하시오.

실용검색(각 50점)

문제 9 길찾기 서비스(포털 및 전문 검색사이트)를 이용하여 탄현역에서 파주출판도시를 자전거로 가는 경로를 찾아 전체화면을 캡처하여 답안파일에 붙여 넣으시오. (이미지 크기 150 x 100)

문제 10 제17회 인천아시아경기대회 기념우표가 발행되었다. 우표 디자인 소재로 사용된 스포츠 종목(5개)의 **이름**을 검색하시오(정답).

문제 11 해외 인터넷 쇼핑을 이용하여 물품을 구매할 경우 구매대행업체나 특송업체에서는 세관에서 요구한다는 이유로 주민등록번호를 수집하여 왔으나 관세청에서는 개인정보보호를 위하여 2011년 12월부터 주민등록번호 대체수단인 제도를 운용해 오고 있다. 이 제도의 **이름**을 검색하시오(정답).

ITQ 인터넷 — 정보 가공(70점)

※ 제시된 주제에 따라 답안을 완성하시오.

문제 12 제17회 인천아시아경기대회는 2014년 9월 19일 부터 10월 4일까지 한국에서 열렸다. 스포츠를 통한 소통과 화합, 평화의 아시아 실현을 목표로 개최된 제17회 인천아시아경기대회에 대한 다음의 안내문 내용을 검색하여 완성하시오.

【답안】

	제17회 인천아시아경기대회
(12-1) 제17회 인천아시아경기대회 엠블럼	(12-2) 제17회 인천아시아경기대회의 **슬로건** (12-3) 아시아경기대회의 **모태가 되는 대회** (12-4) 제17회 인천아시아경기대회의 **참가국 수**

제 05 회 연습기출문제

과목	코드	문제유형	시험시간	수험번호	성 명
인터넷	1152	A	60분		

수험자 유의사항

- 수험자는 문제지를 받는 즉시 **응시하고자 하는 과목의 문제지가 맞는지 확인**하여야 합니다.
- 시험과 직접 관련이 없는 행위 즉, 각종 웹사이트 로그인, 댓글 달기, 게시, 자료 업로드 등의 행위 또는 답안 내역을 보조기억장치 및 기타 통신수단(게시판, 이메일, 메신저, 네트워크 등)을 이용하여 타인에게 전달 또는 외부로 반출하는 경우는 자격기본법 제32에 의거 부정행위로 간주되어 본 시험 및 국가공인 자격시험을 2년간 응시할 수 없습니다.
- 내문서\ITQ폴더의 "답안파일-인터넷.hwp"파일을 열어 파일 이름을 "수험번호-성명-인터넷.hwp"로 답안폴더(내문서\ITQ\)에 다시 저장한 후 답안 작성을 시작하여야 하며, 답안문서 파일명이 일치하지 않을 경우 실격 처리됩니다(예 : 내문서\ITQ\12345678-홍길동-인터넷.hwp). (시험시 제공되는 답안파일 양식을 사용하지 않을 경우에는 0점 처리됨)
- 답안 작성을 마치면 파일을 저장하고, '답안 전송' 버튼을 선택하여 감독위원 PC로 답안을 전송하십시오. 수험자 정보와 저장한 파일명이 다를 경우 전송되지 않으므로 주의하시기 바랍니다.
- 답안 작성 중에도 **주기적으로 저장하고 답안을 전송**하여야 문제 발생을 줄일 수 있습니다. 작업한 내용을 저장하지 않고 전송할 경우 이전에 저장된 내용이 전송되오니 이점 유의하시기 바랍니다.
- 시험 중 부주의 또는 고의로 시스템을 파손한 경우는 수험자가 변상해야 하며, 〈수험자 유의사항〉에 기재된 방법대로 이행하지 않아 생기는 불이익은 수험자 당사자의 책임임을 알려 드립니다.
- 시험을 완료한 수험자는 답안파일이 전송되었는지 확인한 후 감독위원의 지시에 따라 문제지를 제출하고 퇴실합니다.

답안 작성요령

- 온라인 답안 작성 절차
  수험자 등록 ⇒ 시험 시작 ⇒ 답안파일 저장 ⇒ 답안 전송 ⇒ 시험 종료
- 시험 시작 전 시험과 무관한 프로그램의 실행을 중지시켜 주시기 바랍니다(채팅, 파일공유 등).
- 문제에 (정답)이라고 표시되어 있으면 정답만을 작성란에 기재하고, (정답, URL)이라고 표시되어 있으면 정답과 함께 URL을 반드시 기재하시기 바랍니다. 이를 준수하지 않을 경우 감점, 오답 처리 등 불이익이 있을 수 있습니다.
- 1번-3번, 5번-12번은 문제 번호에 따라 정답을 아래와 같이 답안파일에 정확히 기록하십시오.

문제유형		수검번호		성 명	
문제번호			답안		
6	정답		대한민국		

- 4번 문제는 번호에 따라 정답과 URL을 아래와 같이 답안파일에 정확히 기록하십시오(URL은 정답을 확인할 수 있는 최종 URL을 기재하십시오).

4	정답	ITQ정보기술자격
	URL	http://www.itq.or.kr/t_info/t_info_1.asp

- 4번 문제의 경우 개인 홈페이지나 블로그, 지식 검색(예 : 지식iN, 위키피디아 등)과 같이 개인 사견이 들어 있는 사이트, 첨부파일은 정답으로 인정하지 않습니다.
- 9번의 이미지 파일은 인터넷 답안지에 삽입한 후 반드시 지정된 이미지 크기로 변경하시기 바랍니다.
- 문제에서 제시한 단위, Full name 등의 조건에 맞도록 답안을 작성하시기 바랍니다.

ITQ 인터넷 — 인터넷 윤리(60점, 각 30점)

※ 문제에 대한 적절한 내용의 번호를 골라 답안지에 기재하시오.

문제 1 다음 그림은 웨어러블 기기로 사물 인터넷 기술을 이용한 장치이다. 사물 인터넷에 대한 설명으로 옳지 않은 것은?

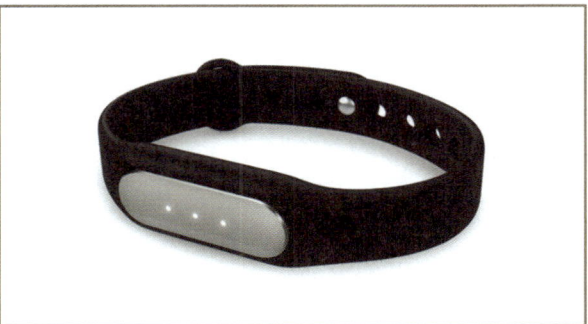

① 센서와 인터넷의 통신으로 동작한다.
② 블루투스나 근거리무선통신을 사용한다.
③ 가전제품의 동작에도 적용할 수 있다.
④ 전원이나 충전없이 사용할 수 있다.

문제 2 인터넷 사용 시 주의점 중에서 옳지 않은 것은?

① 사용하지 않는 계정은 방치하지 말고 탈퇴한다.
② PC방 등 공용으로 사용되는 PC에서 개인정보를 사용하지 않는다.
③ PC에 정품 백신 프로그램을 사용하고 주기적으로 업데이트한다.
④ 인터넷에서 사용하는 비밀번호는 잊어버리지 않도록 단순하게 만들고 1년에 한 번만 변경한다.

ITQ 인터넷 — 인터넷 검색(370점)

일반검색 I (각 10점)

문제 3 다음 시인과 대표적인 작품에 해당하는 〈보기〉의 번호를 답안지에 적으시오(번호).

문제 3-1) 윤동주 ·· (   )
문제 3-2) 김소월 ·· (   )
문제 3-3) 박목월 ·· (   )

【보기】

① 별헤는밤   ② 청프도   ③ 경상도가랑잎
④ 님의 침묵   ⑤ 진달래꽃

일반검색II (각 50점)

문제 4 홈페이지나 멤버십 등의 회원 가입 시 대상자로부터 사전 동의를 얻은 후 메일을 발송하는 방식으로 이 제도의 목적은 불특정 다수인에게 무작위로 보내지는 스팸메일을 규제하기 위함이다. 이 **용어**를 검색하시오(정답, URL).

문제 5 기우제는 하지(夏至)가 지나도록 비가 오지 않아 가물 때에 비가 오기를 바라며 지내는 제사이다. 2014년 하지가 있는 달(月)의 강화도 기상관측소에서 측정한 **강수량(단위: mm)** 합계를 검색하시오(정답).

가로·세로 정보검색(각 30점)

※ 아래 각 문제의 설명을 읽고 가로·세로에 알맞은 단어를 답안에 기재하시오(정답).

문제 6 (세로) '소가 길게 우는 소리'를 이르는 **우리말**을 검색하시오.

문제 7 (가로) '모래 위에 세운 크고 아름다운 집'이라는 뜻으로, 기초가 튼튼하지 못하여 오래가지 못할 일이나 사물을 비유적으로 이르는 말의 **사자성어**를 검색하시오.

문제 8 (세로) 경복궁에서 왕이 나랏일을 보던 편전의 중심 건물로 좌우에는 만춘전과 천추전이 함께 편전을 이루고 있다. 보물 문화재로 지정되어 있는 이곳의 **이름**을 검색하시오.

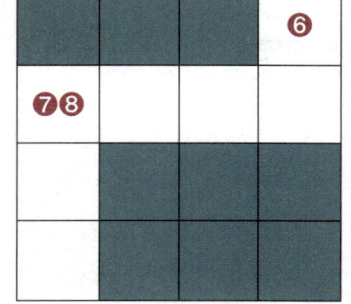

실용검색(각 50점)

문제 9 길찾기 서비스(포털 및 전문 검색사이트)를 이용하여 영등포구청에서 보라매공원을 도보로 가는 경로를 찾아 전체화면을 캡처하여 답안파일에 붙여 넣으시오. (이미지 크기 150 x 100)

문제 10 분당선은 서울 성동구의 왕십리역과 수원시 팔달구의 수원역을 잇는 한국철도공사의 철도 노선으로 당초 서울 강남구와 경기도 성남시 분당구를 이을 목적으로 건설되었으나, 순차적인 구간 연장으로 수원과 왕십리 지역을 잇는 노선이 되었다. 분당선 왕십리에서 수원 구간의 **운임**(성인 교통카드 기준)을 검색하시오(정답).

문제 11 유엔 전자정부평가는 전자정부 발전수준 비교를 통하여 글로벌 전자정부 협력 촉진과 국가경쟁력 강화를 유도하기 위하여 실시되어 오고 있는 것으로, 2014년 전자정부 평가 결과에서 우리나라가 종합 1위를 달성하였다. 우리나라가 2014년 유엔 전자정부평가에서 6위를 한 **부문**을 검색하시오(정답).

ITQ 인터넷 — 정보 가공(70점)

※ 제시된 주제에 따라 답안을 완성하시오.

문제 12 북한산 둘레길은 기존 샛길을 통해 북한산 자락을 완만하게 걸을 수 있도록 조성한 저지대 수평 산책로이다. 전체 71.5km로 21가지 테마를 구성한 북한 둘레길에 대한 다음의 안내문 내용을 검색하여 완성하시오.

【답안】

	북한산 둘레길
(12-1) 북한산 둘레길 홈페이지 로고	(12-2) 북한산 둘레길의 2구간 순례길 **거리** (12-3) 북한산 둘레길의 8구간 구름정원길 **예상소요시간** (12-4) 북한산 둘레길의 11구간 효자길 **난이도**

제 06 회 연습기출문제

과목	코드	문제유형	시험시간	수험번호	성명
인터넷	1152	A	60분		

수험자 유의사항

- 수험자는 문제지를 받는 즉시 **응시하고자 하는 과목의 문제지가 맞는지 확인**하여야 합니다.
- 시험과 직접 관련이 없는 행위 즉, 각종 웹사이트 로그인, 댓글 달기, 게시, 자료 업로드 등의 행위 또는 답안 내역을 보조기억장치 및 기타 통신수단(게시판, 이메일, 메신저, 네트워크 등)을 이용하여 타인에게 전달 또는 외부로 반출하는 경우는 자격기본법 제32에 의거 부정행위로 간주되어 본 시험 및 국가공인 자격시험을 2년간 응시할 수 없습니다.
- 내문서\ITQ폴더의 "답안파일-인터넷.hwp" 파일을 열어 파일 이름을 "수험번호-성명-인터넷.hwp"로 답안폴더(내문서\ITQ\)에 다시 저장한 후 답안 작성을 시작하여야 하며, 답안문서 파일명이 일치하지 않을 경우 실격 처리됩니다(예 : 내문서\ITQ\12345678-홍길동-인터넷.hwp). (시험시 제공되는 답안파일 양식을 사용하지 않을 경우에는 0점 처리됨)
- 답안 작성을 마치면 파일을 저장하고, '답안 전송' 버튼을 선택하여 감독위원 PC로 답안을 전송하십시오. 수험자 정보와 저장한 파일명이 다를 경우 전송되지 않으므로 주의하시기 바랍니다.
- 답안 작성 중에도 **주기적으로 저장하고 답안을 전송**하여야 문제 발생을 줄일 수 있습니다. 작업한 내용을 저장하지 않고 전송할 경우 이전에 저장된 내용이 전송되오니 이점 유의하시기 바랍니다.
- 시험 중 부주의 또는 고의로 시스템을 파손한 경우는 수험자가 변상해야 하며, 〈수험자 유의사항〉에 기재된 방법대로 이행하지 않아 생기는 불이익은 수험자 당사자의 책임임을 알려 드립니다.
- 시험을 완료한 수험자는 답안파일이 전송되었는지 확인한 후 감독위원의 지시에 따라 문제지를 제출하고 퇴실합니다.

답안 작성요령

- 온라인 답안 작성 절차
  수험자 등록 ⇒ 시험 시작 ⇒ 답안파일 저장 ⇒ 답안 전송 ⇒ 시험 종료
- 시험 시작 전 시험과 무관한 프로그램의 실행을 중지시켜 주시기 바랍니다(채팅, 파일공유 등).
- 문제에 (정답)이라고 표시되어 있으면 정답만을 작성란에 기재하고, (정답, URL)이라고 표시되어 있으면 정답과 함께 URL을 반드시 기재하시기 바랍니다. 이를 준수하지 않을 경우 감점, 오답 처리 등 불이익이 있을 수 있습니다.
- 1번-3번, 5번-12번은 문제 번호에 따라 정답을 아래와 같이 답안파일에 정확히 기록하십시오.

문제유형		수검번호		성 명	
문제번호			답안		
6	정답		대한민국		

- 4번 문제는 번호에 따라 정답과 URL을 아래와 같이 답안파일에 정확히 기록하십시오(URL은 정답을 확인할 수 있는 최종 URL을 기재하십시오).

4	정답	ITQ정보기술자격
	URL	http://www.itq.or.kr/t_info/t_info_1.asp

- 4번 문제의 경우 개인 홈페이지나 블로그, 지식 검색(예 : 지식iN, 위키피디아 등)과 같이 개인 사견이 들어 있는 사이트, 첨부파일은 정답으로 인정하지 않습니다.
- 9번의 이미지 파일은 인터넷 답안지에 삽입한 후 반드시 지정된 이미지 크기로 변경하시기 바랍니다.
- 문제에서 제시한 단위, Full name 등의 조건에 맞도록 답안을 작성하시기 바랍니다.

ITQ 인터넷 — 인터넷 윤리(60점, 각 30점)

※ 문제에 대한 적절한 내용의 번호를 골라 답안지에 기재하시오.

문제 1 다음 그림은 크라우드 펀딩 사이트인 킥스타터이다. 온라인 크라우드펀딩에 대한 설명으로 옳지 않은 것은?

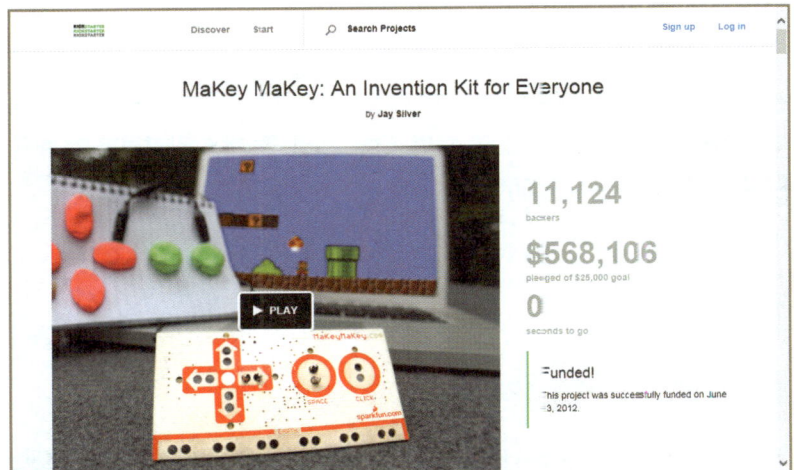

① 여러 사람이 자금을 마련한다.
② 기업이나 회사만 사용할 수 있다.
③ 아이디어를 실제로 만들 수 있다.
④ 온라인을 통해 후원할 수 있다.

문제 2 청소년의 인터넷 중독 탈출 및 예방법으로 옳지 않은 것은?

① 인터넷은 하루에 8시간 이내로 하는 것이 좋다.
② 잠은 정해진 시간에 자는 것이 좋다.
③ 가족이나 친구와 함께 하는 시간을 갖는 것이 좋다.
④ 운동과 같은 대안활동시간을 늘린다.

ITQ 인터넷 — 인터넷 검색(370점)

일반검색 I (각 10점)

문제 3 다음 스포츠 선수와 종목에 해당하는 〈보기〉의 번호를 답안지에 적으시오(번호).

문제 3-1) 칼 루이스(Carl Lewis) ·· (   )
문제 3-2) 나디아 코마네치(Nadia Comaneci) ························· (   )
문제 3-3) 마이클 펠프스(Michael Phelps) ······························· (   )

【보기】

① 야구	② 체조	③ 레슬링
④ 육상	⑤ 수영	⑥ 축구

일반검색 II (각 50점)

문제 4 사물인터넷을 뛰어넘는 통합시스템으로, 사물들이 서로 소통하며 자동적, 지능적으로 제어되는 것으로 연산, 통신, 제어가 결합되고 융합된 복합시스템(System of Systems)의 성격과 와해성(Disruptive) 기술의 특성으로 현재의 산업을 재구성하고 새로운 산업의 창출을 가능하게 만드는 시스템을 **무엇**이라 하는지 검색하시오 (정답, URL).

문제 5 세종시의 인구는 행정도시 건설로 인한 타 지역의 인구 유입으로 최근 3년 동안 약 27.2% 증가하였으며 1인 가구는 세종시 전체 가구의 32.8%로 우리나라의 1인 가구 비율 25%보다 매우 높다. 통계청(국가통계포털)에서 2013년 기준 세종특별시 **전체 1인 가구수**를 검색하시오.(정답).

가로·세로 정보검색(각 30점)

※ 아래 각 문제의 설명을 읽고 가로·세로에 알맞은 단어를 답안에 기재하시오(정답).

문제 6 (세로) 1946년에 만들어진 상으로 질병 연구에 뛰어난 공적을 남긴 연구자를 발굴하기 위해 제정됐다. 생물학이나 의학 분야에서 노벨상에 필적하는 권위를 자랑해 미국의 노벨상이라고 불리기도 한다. 이 상의 **이름**을 검색하시오.

문제 7 (세로) '험한 산길에서 바위 같은 것을 안고 간신히 돌아가게 된 곳'을 이르는 **우리말**을 검색하시오.

문제 8 (가로) 이순신 장군은 선조에게 올린 장계에서 '아직 배가 12척이나 남아 있고, 미천한 신하이오나 저는 죽지 않았습니다' 라고 했다. 아직 배가 12척이나 남아 있다는 뜻으로 사용한 **사자성어**를 검색하시오.

실용검색(각 50점)

문제 9 길찾기 서비스(포털 및 전문 검색사이트)를 이용하여 순천만자연생태공원에서 여수공항을 자동차로 가는 경로를 찾아 전체화면을 캡처하여 답안파일에 붙여 넣으시오. (이미지 크기 150 x 100)

문제 10 제60회 백제문화제는 백제문화단지, 무령왕릉, 금강·공산성, 산성동 재래시장을 중심 지역으로 충청남도 부여군과 공주시 일원에서 개최될 예정이다. 제60회 백제문화제의 **주제**를 검색하시오(정답).

문제 11 주민등록번호의 수집과 이용, 제공 등이 원칙적으로 금지되는 내용의 개인정보보호법이 8월 7일부터 본격적으로 시행되고 있다. 이에 따라 일상생활에서 본인확인의 불편을 최소화하기 위해 개인식별 정보가 전혀 포함되지 않은 13자리 무작위 번호로 식별되는 오프라인 본인확인서비스가 도입·시행되고 있다. 이 서비스의 **이름**을 검색하시오(정답).

ITQ 인터넷　　**정보 가공(70점)**

※ 제시된 주제에 따라 답안을 완성하시오.

문제 12 각종 영화와 드라마 등을 통한 이순신 장군의 리더십에 대한 관심이 더욱 높아지고 있다. 이순신에 대한 정보를 검색하여 다음의 안내문 내용을 완성하시오.

【답안】

불멸의 명장, 이순신	
(12-1) 광화문 이순신 동상 이미지	(12-2) 1593년 이순신 장군이 임명된 **관직의 명칭** (12-3) 이순신 장군이 전사한 **전투의 명칭** (12-4) '난중일기'가 국보로 지정된 **날짜**(년월일)

제 07 회 연습기출문제

과 목	코 드	문제유형	시험시간	수험번호	성 명
인터넷	1152	A	60분		

수험자 유의사항

- 수험자는 문제지를 받는 즉시 **응시하고자 하는 과목의 문제지가 맞는지 확인**하여야 합니다.
- 시험과 직접 관련이 없는 행위 즉, 각종 웹사이트 로그인, 댓글 달기, 게시, 자료 업로드 등의 행위 또는 답안 내역을 보조기억장치 및 기타 통신수단(게시판, 이메일, 메신저, 네트워크 등)을 이용하여 타인에게 전달 또는 외부로 반출하는 경우는 자격기본법 제32에 의거 부정행위로 간주되어 본 시험 및 국가공인 자격시험을 2년간 응시할 수 없습니다.
- 내문서\ITQ폴더의 "**답안파일-인터넷.hwp**"파일을 열어 파일 이름을 "**수험번호-성명-인터넷.hwp**"로 답안폴더(내문서\ITQ\)에 다시 저장한 후 답안 작성을 시작하여야 하며, 답안문서 파일명이 일치하지 않을 경우 실격 처리됩니다(예 : 내문서\ITQ\12345678-홍길동-인터넷.hwp). (시험시 제공되는 답안파일 양식을 사용하지 않을 경우에는 0점 처리됨)
- 답안 작성을 마치면 파일을 저장하고, '답안 전송' 버튼을 선택하여 감독위원 PC로 답안을 전송하십시오. 수험자 정보와 저장한 파일명이 다를 경우 전송되지 않으므로 주의하시기 바랍니다.
- 답안 작성 중에도 **주기적으로 저장하고 답안을 전송**하여야 문제 발생을 줄일 수 있습니다. 작업한 내용을 저장하지 않고 전송할 경우 이전에 저장된 내용이 전송되오니 이점 유의하시기 바랍니다.
- 시험 중 부주의 또는 고의로 시스템을 파손한 경우는 수험자가 변상해야 하며, 〈수험자 유의사항〉에 기재된 방법대로 이행하지 않아 생기는 불이익은 수험자 당사자의 책임임을 알려 드립니다.
- 시험을 완료한 수험자는 답안파일이 전송되었는지 확인한 후 감독위원의 지시에 따라 문제지를 제출하고 퇴실합니다.

답안 작성요령

- 온라인 답안 작성 절차

    수험자 등록 ⇒ 시험 시작 ⇒ 답안파일 저장 ⇒ 답안 전송 ⇒ 시험 종료
- 시험 시작 전 시험과 무관한 프로그램의 실행을 중지시켜 주시기 바랍니다(채팅, 파일공유 등).
- 문제에 (정답)이라고 표시되어 있으면 정답만을 작성란에 기재하고, (정답, URL)이라고 표시되어 있으면 정답과 함께 URL을 반드시 기재하시기 바랍니다. 이를 준수하지 않을 경우 감점, 오답 처리 등 불이익이 있을 수 있습니다.
- 1번-3번, 5번-12번은 문제 번호에 따라 정답을 아래와 같이 답안파일에 정확히 기록하십시오.

문제유형		수검번호		성 명	
문제번호		답안			
6	정답	대한민국			

- 4번 문제는 번호에 따라 정답과 URL을 아래와 같이 답안파일에 정확히 기록하십시오(URL은 정답을 확인할 수 있는 최종 URL을 기재하십시오).

4	정답	ITQ정보기술자격
	URL	http://www.itq.or.kr/t_info/t_info_1.asp

- 4번 문제의 경우 개인 홈페이지나 블로그, 지식 검색(예 : 지식iN, 위키피디아 등)과 같이 개인 사견이 들어 있는 사이트, 첨부파일은 정답으로 인정하지 않습니다.
- 9번의 이미지 파일은 인터넷 답안지에 삽입한 후 반드시 지정된 이미지 크기로 변경하시기 바랍니다.
- 문제에서 제시한 단위, Full name 등의 조건에 맞도록 답안을 작성하시기 바랍니다.

ITQ 인터넷 인터넷 윤리(60점, 각 30점)

※ 문제에 대한 적절한 내용의 번호를 골라 답안지에 기재하시오.

문제 1 다음은 금융기관의 오픈뱅킹 화면이다. 오픈뱅킹에 대한 설명으로 옳지 않은 것은?

① 공인인증서가 필요하지 않다.
② 웹브라우저를 차별하지 않는다.
③ 모바일에서도 사용할 수 있다.
④ 운영체제의 종류와 관련없이 사용가능하다.

문제 2 악성코드를 이용한 피싱 사기피해를 예방하기 위한 유의사항으로 옳지 않은 것은?

① 스마트폰의 백신 프로그램은 최신상태로 업데이트한다.
② 불법파일 및 의심스러운 애플리케이션은 다운로드 하지 않는다.
③ 보안카드 35개 번호 전체가 있는 이미지를 스마트폰에 저장하지 않는다.
④ 비밀번호 노출 위험이 있으므로 은행계좌 개설 이후로는 변경하지 않는다.

ITQ 인터넷 인터넷 검색(370점)

일반검색Ⅰ (각 10점)

문제 3 다음 우리나라 국보와 지정 번호에 해당하는 〈보기〉의 번호를 답안지에 적으시오(번호).

문제 3-1) 서울 원각사지 십층석탑 ·· (   )
문제 3-2) 보은 법주사 쌍사자 석등 ·· (   )
문제 3-3) 여주 고달사지 승탑 ·· (   )

【보기】

| ① 1호 | ② 2호 | ③ 3호 |
| ④ 4호 | ⑤ 5호 | ⑥ 6호 |

일반검색 II (각 50점)

문제 4 전 세계 데이터 센터의 전력 소모를 낮추는 방법을 찾기 위한 IT 회사와 전문가들의 컨소시엄을 말하는 용어로 IT 관련 시설들의 에너지 소비를 절감시키는 방안을 제시한다고 한다. 이 용어를 검색하시오(정답, URL).

문제 5 표준지공시지가란 대한민국 전국의 개별토지 중 지가 대표성 등이 있는 토지를 선정·조사하여 평가·공시하는 것으로서 매년 1월 1일 기준 표준지의 단위면적당 가격(원/㎡)을 말한다. '서울특별시 강남구 삼성동 168-22번지 한전 본사 남측 앞'의 2014년 표준지공시지가(단위: 원)를 검색하시오(정답).

가로·세로 정보검색(각 30점)

※ 아래 각 문제의 설명을 읽고 가로·세로에 알맞은 단어를 답안에 기재하시오(정답).

문제 6 (세로) '앉아서 이익을 누린다'라는 뜻으로, 자신이 직접 나서지 않고 상대방을 이용하여 이득을 취하는 것을 비유하는 사자성어를 검색하시오.

문제 7 (가로) 참지 못하고 앞뒤 헤아림 없이 격한 마음이 불쑥 일어나는 성질 또는 사납고 괄괄한 성질을 이르는 우리말을 검색하시오.

문제 8 (세로) 인도양에서 참치조업을 끝내고 한국으로 귀향하던 중 남중국 공해 상에서 침몰 직전에 처한 베트남 보트피플을 구한 한국인이 '유엔의 노벨상'이라고 불리는 난센상 후보로 추천됐지만 최종 선정되지는 못했다. 이 사람의 성명을 검색하시오.

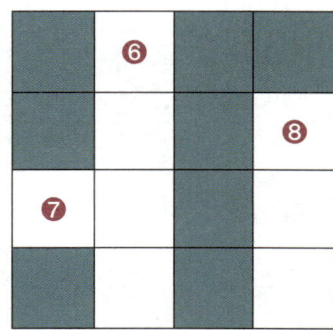

실용검색(각 50점)

문제 9 길찾기 서비스(포털 및 전문 검색사이트)를 이용하여 순천시청에서 조례호수공원을 자전거로 가는 경로를 찾아 전체화면을 캡처하여 답안파일에 붙여 넣으시오. (이미지 크기 150 × 100)

문제 10 2014 인천장애인아시아경기대회가 10월 18일 개막식을 시작으로 23개 종목의 경기가 펼쳐졌다. 2014 인천장애인아시아경기대회의 개·폐회식 총감독(성명)을 검색하시오(정답).

문제 11 지난 9월 청해부대 17진은 실제 해적피랍 상황을 가정하여 해군 특수부대 요원들이 상선에 침투하여 해적을 제압하는 민관군 합동훈련을 진행하고, 현재 우리나라 선박과 선원을 보호 중인 16진 문무대왕함과 임무 교대를 위해 출항하였다. 청해부대 17진 함정의 이름을 검색하시오(정답).

ITQ 인터넷 — 정보 가공(70점)

※ 제시된 주제에 따라 답안을 완성하시오.

문제 12 정면 5칸, 측면 4칸의 서울보신각종을 걸어 놓기 위해 만든 보신각은 한 해의 시작을 알리는 제야의 종 타종행사로 유명하다. 보신각에 대한 정보를 검색하여 다음의 안내문 내용을 완성하시오.

【답안】

	한 해의 시작을 알리는, 보신각
(12-1) 보신각 이미지	(12-2) 보신각에서 가장 가까운 **지하철 역** (12-3) 보신각의 편입 글자를 쓴 **사람** (12-4) 보신각에 처음 종을 건 **연도**

제 08 회 연습기출문제

과 목	코 드	문제유형	시험시간	수험번호	성 명
인터넷	1152	A	60분		

수험자 유의사항

- 수험자는 문제지를 받는 즉시 **응시하고자 하는 과목의 문제지가 맞는지 확인**하여야 합니다.
- 시험과 직접 관련이 없는 행위 즉, 각종 웹사이트 로그인, 댓글 달기, 게시, 자료 업로드 등의 행위 또는 답안 내역을 보조기억장치 및 기타 통신수단(게시판, 이메일, 메신저, 네트워크 등)을 이용하여 타인에게 전달 또는 외부로 반출하는 경우는 자격기본법 제32에 의거 부정행위로 간주되어 본 시험 및 국가공인 자격시험을 2년간 응시할 수 없습니다.
- 내문서\ITQ폴더의 "답안파일-인터넷.hwp"파일을 열어 파일 이름을 "수험번호-성명-인터넷.hwp"로 답안폴더(내문서\ITQ\)에 다시 저장한 후 답안 작성을 시작하여야 하며, 답안문서 파일명이 일치하지 않을 경우 실격 처리됩니다(예 : 내문서\ITQ\12345678-홍길동-인터넷.hwp). (시험시 제공되는 답안파일 양식을 사용하지 않을 경우에는 0점 처리됨)
- 답안 작성을 마치면 파일을 저장하고, '답안 전송' 버튼을 선택하여 감독위원 PC로 답안을 전송하십시오. 수험자 정보와 저장한 파일명이 다를 경우 전송되지 않으므로 주의하시기 바랍니다.
- 답안 작성 중에도 **주기적으로 저장하고 답안을 전송**하여야 문제 발생을 줄일 수 있습니다. 작업한 내용을 저장하지 않고 전송할 경우 이전에 저장된 내용이 전송되오니 이점 유의하시기 바랍니다.
- 시험 중 부주의 또는 고의로 시스템을 파손한 경우는 수험자가 변상해야 하며, 〈수험자 유의사항〉에 기재된 방법대로 이행하지 않아 생기는 불이익은 수험자 당사자의 책임임을 알려 드립니다.
- 시험을 완료한 수험자는 답안파일이 전송되었는지 확인한 후 감독위원의 지시에 따라 문제지를 제출하고 퇴실합니다.

답안 작성요령

- 온라인 답안 작성 절차
  수험자 등록 ⇒ 시험 시작 ⇒ 답안파일 저장 ⇒ 답안 전송 ⇒ 시험 종료
- 시험 시작 전 시험과 무관한 프로그램의 실행을 중지시켜 주시기 바랍니다(채팅, 파일공유 등).
- 문제에 (정답)이라고 표시되어 있으면 정답만을 작성란에 기재하고, (정답, URL)이라고 표시되어 있으면 정답과 함께 URL을 반드시 기재하시기 바랍니다. 이를 준수하지 않을 경우 감점, 오답 처리 등 불이익이 있을 수 있습니다.
- 1번-3번, 5번-12번은 문제 번호에 따라 정답을 아래와 같이 답안파일에 정확히 기록하십시오.

문제유형		수검번호		성 명	
문제번호			답안		
6	정답		대한민국		

- 4번 문제는 번호에 따라 정답과 URL을 아래와 같이 답안파일에 정확히 기록하십시오(URL은 정답을 확인할 수 있는 최종 URL을 기재하십시오).

4	정답	ITQ정보기술자격
	URL	http://www.itq.or.kr/t_info/t_info_1.asp

- 4번 문제의 경우 개인 홈페이지나 블로그, 지식 검색(예 : 지식iN, 위키피디아 등)과 같이 개인 사견이 들어 있는 사이트, 첨부파일은 정답으로 인정하지 않습니다.
- 9번의 이미지 파일은 인터넷 답안지에 삽입한 후 반드시 지정된 이미지 크기로 변경하시기 바랍니다.
- 문제에서 제시한 단위, Full name 등의 조건에 맞도록 답안을 작성하시기 바랍니다.

ITQ 인터넷 — 인터넷 윤리(60점, 각 30점)

※ 문제에 대한 적절한 내용의 번호를 골라 답안지에 기재하시오.

문제 1 다음 그림은 공인전자주소인 샵메일의 로고이다. 샵메일에 대한 설명으로 옳지 않은 것은?

① 주소 표시 방식은 e메일과 비슷하다.
② 계정 + # + 등록경칭.특성값으로 이루어진다.
③ 전자문서를 안전하게 유통할 수 있다.
④ 송수신할 때 본인확인 절차가 필요없다.

문제 2 해킹 방지를 위한 대책으로 옳지 않은 것은?

① 의심이 가는 메일은 열어 본 후 삭제한다.
② 백신 프로그램을 설치하고, 자동 업데이트 기능을 설정한다.
③ 다운로드 받은 프로그램은 백신으로 진단해 본 후 사용한다.
④ 보호 패스워드를 시스템에 도입하고, 패스워드를 수시로 변경한다.

ITQ 인터넷 — 인터넷 검색(370점)

일반검색 I (각 10점)

문제 3 다음 박물관과 소재지에 해당하는 〈보기〉의 번호를 답안지에 적으시오(번호).

문제 3-1) 국립어린이민속박물관 ·· (   )

문제 3-2) 우정박물관 ·· (   )

문제 3-3) 철도박물관 ·· (   )

【보기】

① 경기도	② 경상북도	③ 충청남도
④ 서울	⑤ 전라북도	⑥ 제주도

일반검색 II (각 50점)

문제 4 이동통신 시스템을 이용하여 재난, 재해 및 기타 비상 상황을 사용자에게 신속하게 문자로 알리는 것으로, 각 나라별 중앙재난안전센터가 발령한 지진이나 해일과 같은 긴급 재난경보, 실종 아동 알림 등 긴급 경보명령을 이동통신 시스템을 통하여 사용자에게 알려주는 시스템을 지칭하는 **용어**를 검색하시오(정답, URL).

문제 5 지난 8월 25일 부산 및 경남지역에 쏟아진 국지성 폭우에 부산은 도시 기능이 마비될 정도의 사태가 벌어졌고, 9월 3일에 또다시 부산 및 경남지역에 시간당 30 mm가 넘는 비가 쏟아졌다. 부산기상청에서 측정한 2014년 8월 25일의 **일강수량**(단위: mm)을 검색하시오(정답).

가로·세로 정보검색(각 30점)

※ 아래 각 문제의 설명을 읽고 가로·세로에 알맞은 단어를 답안에 기재하시오(정답).

문제 6 (세로) '아기를 갓 낳은 그 자리'를 이르는 **우리말**을 검색하시오.

문제 7 (가로) '이리저리 흩어져 갈피를 잡을 수 없음'이라는 뜻으로, 어떤 일이 갈피를 잡을 수 없도록 어수선하게 엉키어 제대로 풀리지 않을 때 사용하는 **사자성어**를 검색하시오.

문제 8 (세로) 백합과 다년초인 '아스파라거스'는 길쭉한 모양과 아삭아삭 씹히는 독특한 특징이 있어 여러 요리에 폭넓게 활용되는 식재료로 인기가 높다. 주로 북한말로 불리는 아스파라거스의 **이름**을 검색하시오.

실용검색(각 50점)

문제 9 길찾기 서비스(포털 및 전문 검색사이트)를 이용하여 동대구역에서 영남대학교를 대중교통으로 가는 경로를 찾아 전체화면을 캡쳐하여 답안파일에 붙여 넣으시오. (이미지 크기 150 x 100)

문제 10 한층 수준 높은 작품과 다양한 프로그램으로 팬들과 함께 즐기는 19회 부산국제영화제가 성황리에 개최되었다. 19회 부산국제영화제의 **폐막작**(작품명)을 검색하시오(정답).

문제 11 2014 제주올레걷기축제는 하루 한 코스씩 올레길을 걸으며 길 위에서 펼쳐지는 문화예술 공연과 제주 전통 문화 체험, 지역 먹거리를 즐기는 축제로 11월 6일부터 8일까지 제주올레 코스에서 펼쳐진다. 제주 4.3 사건 당시 한마을 전체가 없어지고 흔적만 남은 곤을동 4.3 유적지를 돌아볼 수 있는 코스는 **몇 번 코스**인지 검색하시오(정답).

ITQ 인터넷 — 정보 가공(70점)

※ 제시된 주제에 따라 답안을 완성하시오.

문제 12 가족친화 우수기업은 가족친화 인증마크를 상품광고 및 홍보에 사용해 기업이미지 제고에 활용할 수 있다. 가족친화 우수기업 인증제도에 대한 정보를 검색해서 다음의 안내문 내용을 완성하시오.

【답안】

	가족친화 우수기업 인증제도
(12-1) 가족친화 우수기업 인증마크	(12-2) 가족친화 우수기업의 **인증 주체기관** (12-3) 서울형 가족친화제도 유형의 **5개 제도** (12-4) 서울시 가족친화경영지원센터에서 가장 가까운 **역과 출구 번호**

제09회 연습기출문제

과 목	코 드	문제유형	시험시간	수험번호	성 명
인터넷	1152	A	60분		

수험자 유의사항

- 수험자는 문제지를 받는 즉시 **응시하고자 하는 과목의 문제지가 맞는지 확인**하여야 합니다.
- 시험과 직접 관련이 없는 행위 즉, 각종 웹사이트 로그인, 댓글 달기, 게시, 자료 업로드 등의 행위 또는 답안 내역을 보조기억장치 및 기타 통신수단(게시판, 이메일, 메신저, 네트워크 등)을 이용하여 타인에게 전달 또는 외부로 반출하는 경우는 자격기본법 제32에 의거 부정행위로 간주되어 본 시험 및 국가공인 자격시험을 2년간 응시할 수 없습니다.
- 내문서\ITQ폴더의 "답안파일-인터넷.hwp"파일을 열어 파일 이름을 "수험번호-성명-인터넷.hwp"로 답안폴더(내문서\ITQ\)에 다시 저장한 후 답안 작성을 시작하여야 하며, 답안문서 파일경이 일치하지 않을 경우 실격 처리됩니다(예 : 내문서\ITQ\12345678-홍길동-인터넷.hwp). (시험시 제공되는 답안파일 양식을 사용하지 않을 경우에는 0점 처리됨)
- 답안 작성을 마치면 파일을 저장하고, '답안 전송' 버튼을 선택하여 감독위원 PC로 답안을 전송하십시오. 수험자 정보와 저장한 파일명이 다를 경우 전송되지 않으므로 주의하시기 바랍니다.
- 답안 작성 중에도 **주기적으로 저장하고 답안을 전송**하여야 문제 발생을 줄일 수 있습니다. 작업한 내용을 저장하지 않고 전송할 경우 이전에 저장된 내용이 전송되오니 이점 유의하시기 바랍니다.
- 시험 중 부주의 또는 고의로 시스템을 파손한 경우는 수험자가 변상해야 하며, 〈수험자 유의사항〉에 기재된 방법대로 이행하지 않아 생기는 불이익은 수험자 당사자의 책임임을 알려 드립니다.
- 시험을 완료한 수험자는 답안파일이 전송되었는지 확인한 후 감독위원의 지시에 따라 문제지를 제출하고 퇴실합니다.

답안 작성요령

- 온라인 답안 작성 절차
  수험자 등록 ⇒ 시험 시작 ⇒ 답안파일 저장 ⇒ 답안 전송 ⇒ 시험 종료
- 시험 시작 전 시험과 무관한 프로그램의 실행을 중지시켜 주시기 바랍니다(채팅, 파일공유 등).
- 문제에 (정답)이라고 표시되어 있으면 정답만을 작성란에 기재하고, (정답, URL)이라고 표시되어 있으면 정답과 함께 URL을 반드시 기재하시기 바랍니다. 이를 준수하지 않을 경우 감점, 오답 처리 등 불이익이 있을 수 있습니다.
- 1번-3번, 5번-12번은 문제 번호에 따라 정답을 아래와 같이 답안파일에 정확히 기록하십시오.

문제유형		수검번호		성 명	
문제번호			답안		
6	정답		대한민국		

- 4번 문제는 번호에 따라 정답과 URL을 아래와 같이 답안파일에 정확히 기록하십시오(URL은 정답을 확인할 수 있는 최종 URL을 기재하십시오).

4	정답	ITQ정보기술자격
	URL	http://www.itq.or.kr/t_info/t_info_1.asp

- 4번 문제의 경우 개인 홈페이지나 블로그, 지식 검색(예 : 지식iN, 위키피디아 등)과 같이 개인 사견이 들어 있는 사이트, 첨부파일은 정답으로 인정하지 않습니다.
- 9번의 이미지 파일은 인터넷 답안지에 삽입한 후 반드시 지정된 이미지 크기로 변경하시기 바랍니다.
- 문제에서 제시한 단위, Full name 등의 조건에 맞도록 답안을 작성하시기 바랍니다.

ITQ 인터넷 — 인터넷 윤리(60점, 각 30점)

※ 문제에 대한 적절한 내용의 번호를 골라 답안지에 기재하시오.

문제 1 다음 그림은 백신에서 스파이웨어를 차단한 화면이다. 스파이웨어에 대한 설명으로 옳지 않은 것은?

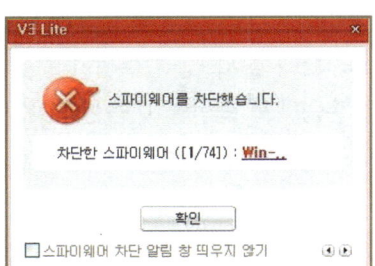

① 스파이와 소프트웨어의 합성어이다.
② 백신으로 차단할 수 있으나 삭제는 불가능하다.
③ 개인정보를 빼가는 경우가 많다.
④ 무료 소프트웨어를 다운받을 때 주로 설치된다.

문제 2 자녀들의 올바른 컴퓨터 사용을 위하여 가정에서 노력할 수 있는 방법으로 옳지 것은?

① 온라인 친구를 만들지 않도록 제재를 가한다.
② 자녀들과 함께 적절한 사용규칙과 가이드라인을 세운다.
③ 컴퓨터는 가족이 공동으로 사용하는 장소에 놓고 공유한다.
④ 음란물을 차단할 수 있는 필터링 프로그램을 구입하여 사용한다.

ITQ 인터넷 — 인터넷 검색(370점)

일반검색 I (각 10점)

문제 3 다음 고속도로의 이름과 개통일에 해당하는 〈보기〉의 번호를 답안지에 적으시오(번호).

문제 3-1) 경부고속도로 ··· (   )
문제 3-2) 영동고속도로 ··· (   )
문제 3-3) 중부고속도로 ··· (   )

【보기】

| ① 1967년 | ② 1970년 | ③ 1975년 |
| ④ 1977년 | ⑤ 1987년 | ⑥ 1988년 |

일반검색 II (각 50점)

문제 4 기계가 인간과 얼마나 비슷하게 대화할 수 있는지를 기준으로 기계에 지능이 있는지 판별하는 테스트로, 앨런 튜링이 1950년에 제안한 인공지능 판별법이다. 이 **용어**를 검색하시오(정답, URL).

문제 5 2008년부터 시작된 금융위기, 2009년 신종플루 확산, 2010년 천안함 폭침, 연평도 포격 등으로 인하여 국민들의 여행참가자 수가 감소 추세를 보였으나 2011년 주5일 근무제 전 사업장 확대 실시 및 지속적인 근로시간 단축 정책 등으로 다시 증가 추세를 보이고 있다. e-나라지표 국민여행 총량에서 숙박을 이용한 **2013년 국내여행 참가자 수**(단위 :천명)를 검색하시오(정답).

가로·세로 정보검색(각 30점)

※ 아래 각 문제의 설명을 읽고 가로·세로에 알맞은 단어를 답안에 기재하시오(정답).

문제 6 (세로) '아주 몹시'를 이르는 **우리말**을 검색하시오.

문제 7 (가로) '폭풍우 속에 한배를 탄다'라는 뜻으로, 운명을 같이하고 협력하게 된다는 의미의 **사자성어**를 검색하시오.

문제 8 (가로) 인천광역시의 옛 지명으로 '물로 둘러쌓인 성'이라는 뜻을 가진 이곳의 **이름**을 검색하시오.

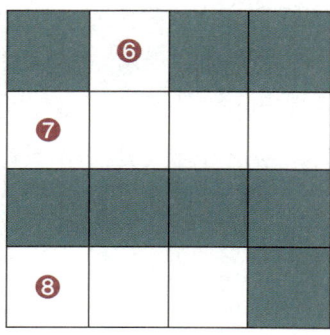

실용검색(각 50점)

문제 9 길찾기 서비스(포털 및 전문 검색사이트)를 이용하여 청주백제유물전시관에서 상당산성을 자전거로 가는 경로를 찾아 전체화면을 캡쳐하여 답안파일에 붙여 넣으시오. (이미지 크기 150 x 100)

문제 10 국립중앙박물관과 용산가족공원 사이에 지어진 건물로 지난 2013년 8월 건축공사 완공을 마치고, 2014년 10월 8일 개관식을 갖고 개관하였다. 이곳의 **이름**을 검색하시오(정답).

문제 11 국민연금은 고소득자에 대해 보험료 상한선을 두고 저소득자에 대해서는 보험료 하한선을 두어 연금 수령 시 연금의 부익부 빈익빈 현상이 없도록 하고 있다. 사업장 가입자인 근로자 신고소득월액이 4,200,000원일 경우 국민연금 근로자부담금은 **얼마**(단위:원)인지 검색하시오(정답).

ITQ 인터넷 — 정보 가공(70점)

※ 제시된 주제에 따라 답안을 완성하시오.

문제 12 국민연금공단은 국민의 행복한 삶과 노후를 위해 연금과 복지서비스를 제공하는 기관이다. 국립연금공단에 대한 정보를 검색하여 다음의 안내문 내용을 완성하시오.

【답안】

연금으로 노후를 설계하는, 국민연금공단	
(12-1) 국민연금공단의 CI	(12-2) 국민연금공단의 **설립일자**(연월일) (12-3) 국민연금공단의 **상담전화번호** (12-4) 국민연금공단의 **경영 슬로건**

제10회 연습기출문제

과 목	코 드	문제유형	시험시간	수험번호	성 명
인터넷	1152	A	60분		

수험자 유의사항

- 수험자는 문제지를 받는 즉시 **응시하고자 하는 과목의 문제지가 맞는지 확인**하여야 합니다.
- 시험과 직접 관련이 없는 행위 즉, 각종 웹사이트 로그인, 댓글 달기, 게시, 자료 업로드 등의 행위 또는 답안 내역을 보조기억장치 및 기타 통신수단(게시판, 이메일, 메신저, 네트워크 등)을 이용하여 타인에게 전달 또는 외부로 반출하는 경우는 자격기본법 제32에 의거 부정행위로 간주되어 본 시험 및 국가공인 자격시험을 2년간 응시할 수 없습니다.
- 내문서\ITQ폴더의 "답안파일-인터넷.hwp"파일을 열어 파일 이름을 "수험번호-성명-인터넷.hwp"로 답안폴더(내문서\ITQ\)에 다시 저장한 후 답안 작성을 시작하여야 하며, 답안문서 파일명이 일치하지 않을 경우 실격 처리됩니다(예 : 내문서\ITQ\12345678-홍길동-인터넷.hwp). (시험시 제공되는 답안파일 양식을 사용하지 않을 경우에는 0점 처리됨)
- 답안 작성을 마치면 파일을 저장하고, '답안 전송' 버튼을 선택하여 감독위원 PC로 답안을 전송하십시오. 수험자 정보와 저장한 파일명이 다를 경우 전송되지 않으므로 주의하시기 바랍니다.
- 답안 작성 중에도 **주기적으로 저장하고 답안을 전송**하여야 문제 발생을 줄일 수 있습니다. 작업한 내용을 저장하지 않고 전송할 경우 이전에 저장된 내용이 전송되오니 이점 유의하시기 바랍니다.
- 시험 중 부주의 또는 고의로 시스템을 파손한 경우는 수험자가 변상해야 하며, 〈수험자 유의사항〉에 기재된 방법대로 이행하지 않아 생기는 불이익은 수험자 당사자의 책임임을 알려 드립니다.
- 시험을 완료한 수험자는 답안파일이 전송되었는지 확인한 후 감독위원의 지시에 따라 문제지를 제출하고 퇴실합니다.

답안 작성요령

- 온라인 답안 작성 절차
  수험자 등록 ⇒ 시험 시작 ⇒ 답안파일 저장 ⇒ 답안 전송 ⇒ 시험 종료
- 시험 시작 전 시험과 무관한 프로그램의 실행을 중지시켜 주시기 바랍니다(채팅, 파일공유 등).
- 문제에 (정답)이라고 표시되어 있으면 정답만을 작성란에 기재하고, (정답, URL)이라고 표시되어 있으면 정답과 함께 URL을 반드시 기재하시기 바랍니다. 이를 준수하지 않을 경우 감점, 오답 처리 등 불이익이 있을 수 있습니다.
- 1번-3번, 5번-12번은 문제 번호에 따라 정답을 아래와 같이 답안파일에 정확히 기록하십시오.

문제유형		수검번호		성 명	
문제번호			답안		
6	정답				대한민국

- 4번 문제는 번호에 따라 정답과 URL을 아래와 같이 답안파일에 정확히 기록하십시오(URL은 정답을 확인할 수 있는 최종 URL을 기재하십시오).

4	정답	ITQ정보기술자격
	URL	http://www.itq.or.kr/t_info/t_info_1.asp

- 4번 문제의 경우 개인 홈페이지나 블로그, 지식 검색(예 : 지식iN, 위키피디아 등)과 같이 개인 사견이 들어 있는 사이트, 첨부파일은 정답으로 인정하지 않습니다.
- 9번의 이미지 파일은 인터넷 답안지에 삽입한 후 반드시 지정된 이미지 크기로 변경하시기 바랍니다.
- 문제에서 제시한 단위, Full name 등의 조건에 맞도록 답안을 작성하시기 바랍니다.

ITQ 인터넷 — 인터넷 윤리(60점, 각 30점)

※ 문제에 대한 적절한 내용의 번호를 골라 답안지에 기재하시오.

문제 1 다음 그림은 윈도우 방화벽 설정 화면이다. 방화벽에 대한 설명으로 옳지 않은 것은?

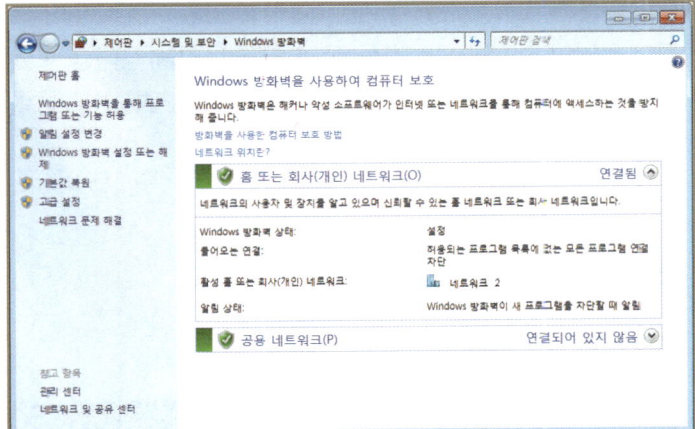

① 공용 네트워크에만 설정할 수 있다.
② 해커의 불법침입을 차단한다.
③ 보안 규칙을 설정할 수 있다.
④ 내부 네트워크를 보호하는 역할을 한다.

문제 2 네티즌의 올바른 인터넷 생활방식으로 옳지 않은 것은?

① 타인의 인권과 사생활을 존중하고 보호한다.
② 건전한 정보를 제공하고 올바르게 사용한다.
③ 타인의 지적 재산권은 모두 공유하여 사용한다.
④ 비속어나 욕설 사용을 자제하고 바른 언어를 사용한다.

ITQ 인터넷 — 인터넷 검색(370점)

일반검색 I (각 10점)

문제 3 다음 동굴의 이름과 소재지에 해당하는 〈보기〉의 번호를 답안지에 적으시오(번호).

문제 3-1) 만장굴 ·· (   )
문제 3-2) 고씨동굴 ··· (   )
문제 3-3) 성류굴 ·· (   )

【보기】

① 강원도	② 제주도	③ 경상북도
④ 충청북도	⑤ 전라북도	⑥ 경상남도

일반검색 II (각 50점)

문제 4 인터넷 포털에서 인기검색어를 사칭하여 블로그에 유인한 후 사용자가 검색어만 보고 게시물을 클릭하면 제품 광고나 광고 프로그램 등의 스파이웨어를 배포하는 광고성 블로그를 의미하는 **용어**를 검색하시오(정답, URL).

문제 5 세종특별자치시는 행정도시 건설로 타 지역의 인구가 유입되어 지난 3년간 큰 폭의 인구 유입률 증가를 보였으며 성별은 남자의 성비가 높았으나 최근의 출생성비는 남자의 성비가 낮게 나타나고 있다. 2013년 세종특별자치시의 **총출생성비**(단위:명)를 검색하시오(정답).

가로·세로 정보검색(각 30점)

※ 아래 각 문제의 설명을 읽고 가로·세로에 알맞은 단어를 답안에 기재하시오(정답).

문제 6 (세로) 보물 문화재로 지정된 곳으로 1847년 헌종의 후궁 김 씨의 처소로 지어졌으며, 덕혜옹주와 이방자 여사 등이 1963년부터 1989년까지 거처하던 곳이다. 이곳의 **이름**을 검색하시오.

문제 7 (가로) '어질고 유능한 인물을 선택해 서로 전하였다'라는 뜻으로, 어진 이를 가려 뽑고 능력 있는 자를 발탁한다는 **사자성어**를 검색하시오.

문제 8 (세로) '상점 앞에 서서 손님을 끌어들여 물건을 사게 하고 주인에게 삯을 받는 사람'을 이르는 **우리말**을 검색하시오.

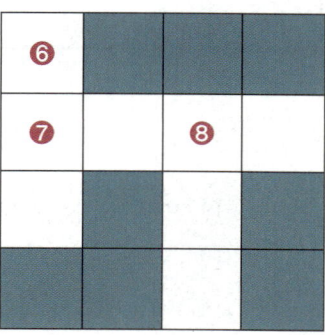

실용검색(각 50점)

문제 9 길찾기 서비스(포털 및 전문 검색사이트)를 이용하여 염치저수지에서 현충사를 자전거로 가는 경로를 찾아 전체화면을 캡처하여 답안파일에 붙여 넣으시오. (이미지 크기 150 x 100)

문제 10 일반고객이 우체국 택배를 이용하여 8kg의 한라봉 1박스(크기: 30×30×40 cm)를 제주에서 서울로 당일특급 항공편으로 보내려고 한다. 택배 **요금**을 검색하시오(정답).

문제 11 제95회 전국체육대회가 2014년 10월 28일부터 11월 3일까지 제주에서 개최되었다. 이번 대회의 **시범종목**(3종목)을 검색하시오(정답).

ITQ 인터넷 — 정보 가공(70점)

※ 제시된 주제에 따라 답안을 완성하시오.

문제 12 국립한글박물관은 한글문화의 가치를 보존하고 창조적인 가치와 지식이나 생각을 나누기 위해 개관하였다. 국립한글박물관에 대한 정보를 검색하여 다음의 안내문 내용을 완성하시오.

【답안】

한글의 무한한 창의성, 국립한글박물관	
(12-1) 국립한글박물관의 상징	(12-2) 국립한글박물관의 **개관일**(연월일)
	(12-3) 국립한글박물관의 **전시면적**
	(12-4) 국립한글박물관의 **관람료**

INFORMATION

TECHNOLOGY

QUALIFICATION

Part 04

기출예상문제

01회_ 기출·예상문제
02회_ 기출·예상문제
03회_ 기출·예상문제
04회_ 기출·예상문제
05회_ 기출·예상문제

제 01 회 기출예상문제

과 목	코 드	문제유형	시험시간	수험번호	성 명
인터넷	1152	A	60분		

수험자 유의사항

- 수험자는 문제지를 받는 즉시 **응시하고자 하는 과목의 문제지가 맞는지 확인**하여야 합니다.
- 시험과 직접 관련이 없는 행위 즉, 각종 웹사이트 로그인, 댓글 달기, 게시, 자료 업로드 등의 행위 또는 답안 내역을 보조기억장치 및 기타 통신수단(게시판, 이메일, 메신저, 네트워크 등)을 이용하여 타인에게 전달 또는 외부로 반출하는 경우는 자격기본법 제32에 의거 부정행위로 간주되어 본 시험 및 국가공인 자격시험을 2년간 응시할 수 없습니다.
- 내문서\ITQ폴더의 "답안파일-인터넷.hwp"파일을 열어 파일 이름을 "수험번호-성명-인터넷.hwp"로 답안폴더(내문서\ITQ\)에 다시 저장한 후 답안 작성을 시작하여야 하며, 답안문서 파일경이 일치하지 않을 경우 실격 처리됩니다(예 : 내문서\ITQ\12345678-홍길동-인터넷.hwp). (시험시 제공되는 답안파일 양식을 사용하지 않을 경우에는 0점 처리됨)
- 답안 작성을 마치면 파일을 저장하고, '답안 전송' 버튼을 선택하여 감독위원 PC로 답안을 전송하십시오. 수험자 정보와 저장한 파일명이 다를 경우 전송되지 않으므로 주의하시기 바랍니다.
- 답안 작성 중에도 **주기적으로 저장하고 답안을 전송**하여야 문제 발생을 줄일 수 있습니다. 작업한 내용을 저장하지 않고 전송할 경우 이전에 저장된 내용이 전송되오니 이점 유의하시기 바랍니다.
- 시험 중 부주의 또는 고의로 시스템을 파손한 경우는 수험자가 변상해야 하며, 〈수험자 유의사항〉에 기재된 방법대로 이행하지 않아 생기는 불이익은 수험자 당사자의 책임임을 알려 드립니다.
- 시험을 완료한 수험자는 답안파일이 전송되었는지 확인한 후 감독위원의 지시에 따라 문제지를 제출하고 퇴실합니다.

답안 작성요령

- 온라인 답안 작성 절차
  수험자 등록 ⇒ 시험 시작 ⇒ 답안파일 저장 ⇒ 답안 전송 ⇒ 시험 종료
- 시험 시작 전 시험과 무관한 프로그램의 실행을 중지시켜 주시기 바랍니다(채팅, 파일공유 등).
- 문제에 (정답)이라고 표시되어 있으면 정답만을 작성란에 기재하고, (정답, URL)이라고 표시되어 있으면 정답과 함께 URL을 반드시 기재하시기 바랍니다. 이를 준수하지 않을 경우 감점, 오답 처리 등 불이익이 있을 수 있습니다.
- 1번-3번, 5번-12번은 문제 번호에 따라 정답을 아래와 같이 답안파일에 정확히 기록하십시오.

문제유형		수검번호		성 명	
문제번호		답안			
6	정답	대한민국			

- 4번 문제는 번호에 따라 정답과 URL을 아래와 같이 답안파일에 정확히 기록하십시오(URL은 정답을 확인할 수 있는 최종 URL을 기재하십시오).

4	정답	ITQ정보기술자격
	URL	http://www.itq.or.kr/t_info/t_info_1.asp

- 4번 문제의 경우 개인 홈페이지나 블로그, 지식 검색(예 : 지식iN, 위키피디아 등)과 같이 개인 사견이 들어 있는 사이트, 첨부파일은 정답으로 인정하지 않습니다.
- 9번의 이미지 파일은 인터넷 답안지에 삽입한 후 반드시 지정된 이미지 크기로 변경하시기 바랍니다.
- 문제에서 제시한 단위, Full name 등의 조건에 맞도록 답안을 작성하시기 바랍니다.

ITQ 인터넷 — 인터넷 윤리(60점, 각 30점)

※ 문제에 대한 적절한 내용의 번호를 골라 답안지에 기재하시오.

문제 1 다음 그림은 스팸 메일을 수신한 화면이다. 스팸 메일을 받았을 때 주의해야 할 것으로 옳지 않은 것은?

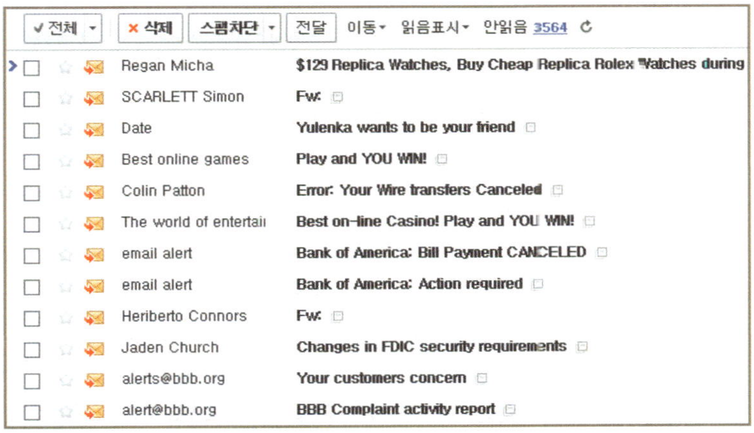

① 스팸 메일 내의 링크는 클릭하지 않는다.
② 제목이 한글인 스팸 메일은 열어봐도 된다.
③ 스팸 메일은 수신받지 않도록 거부한다.
④ 스팸 메일은 삭제하거나 차단한다.

문제 2 은행 홈페이지를 위장한 피싱 피해를 방지하는 방법으로 옳지 않은 것은?

① OTP 발생기를 신청하여 사용한다.
② 전자금융사기 예방서비스(단말기 지정, 추가 인증)를 신청하여 사용한다.
③ 인터넷뱅킹에서 개인을 구분할 수 있는 개인 이미지 및 문구를 설정하여 사용한다.
④ 개인 보안카드를 이미지화하여 하드디스크에 보관하여 사용한다.

ITQ 인터넷 — 인터넷 검색(370점)

일반검색 I (각 10점)

문제 3 다음 제주 올레길 코스 번호와 경로에 해당하는 〈보기〉의 번호를 답안지에 적으시오(번호).

문제 3-1) 올레길 3코스 ·· (   )

문제 3-2) 올레길 6코스 ·· (   )

문제 3-3) 올레길 10코스 ·· (   )

【보기】

① 산지천 마당~만세동산   ② 쇠소깍~외돌개   ③ 제주해녀박물관~종달바당
④ 화순항해수욕장~모슬포항   ⑤ 온평포구~표선해수욕장

일반검색 II (각 50점)

문제 4 스마트폰에서 사용하는 인터넷 트래픽이 PC의 사용량과 비슷한 수준에 이르면서 자연스럽게 스마트폰 사용자들 사이에서 더 큰 화면에 대한 수요가 생겼다. 5인치 이상 7인치 미만의 대화면 스마트폰을 **무엇**이라 하는지를 검색하시오(정답, URL).

문제 5 기상청에서는 2014년 10월 20일(월) 중부 지방을 지나는 기압골의 영향을 받아 전국에 가을비가 내려 낮 기온이 오르지 못해 쌀쌀한 날씨를 보이겠으니 건강관리에 주의해야 한다고 당부했다. 2014년 10월 20일(월) 수원기상대에서 측정한 **일강수량**(단위: mm)을 검색하시오(정답).

가로·세로 정보검색(각 30점)

※ 아래 각 문제의 설명을 읽고 가로·세로에 알맞은 단어를 답안에 기재하시오(정답).

문제 6 (세로) '너그럽지 못하고 옹졸하게 하는 생각'을 이르는 **우리말**을 검색하시오.

문제 7 (가로) '살아가는 즐거움'이라는 뜻으로, 세종대왕의 통치 철학이었던 **사자성어**를 검색하시오.

문제 8 (세로) 창덕궁 후원의 연못으로 의두합과 불로문을 지나면 나온다. 이 연못의 **이름**을 검색하시오.

실용검색(각 50점)

문제 9 길찾기 서비스(포털 및 전문 검색사이트)를 이용하여 태릉선수촌에서 잠실종합운동장을 대중교통으로 가는 경로를 찾아 전체화면을 캡처하여 답안파일에 붙여 넣으시오. (이미지 크기 150 x 100)

문제 10 해외 인터넷 쇼핑에서 물품을 구매하여 세관에 수입신고하는 경우 수입신고자는 관세법령에 따라 주민등록번호가 필요하나 2014년 8월부터 「개인정보보호법」 개정 시행에 따라 주민등록번호를 사용할 수 없어 관세청에서는 개인에 대한 식별부호를 제공하고 있다. 이 식별부호를 **무엇**이라고 하는지 검색하시오(정답).

문제 11 2015 경북문경 세계군인체육대회의 군사종목은 오리엔티어링(Orienteering), 고공강하(Parachuting), 육군 5종(Military Pentathlon), 해군 5종(Naval Pentathlon), 공군 5종(Aeronautical Pentathlon)으로 이루어졌다. 이 중에서 해군 5종의 **세부 경기 종목**을 검색하시오(정답).

ITQ 인터넷 ● 정보 가공(70점)

※ 제시된 주제에 따라 답안을 완성하시오.

문제 12 관세청은 수출입 물량과 여행자 통관을 담당하는 기관으로 사회안전을 위해 밀수와 마약, 총기 등 불법반입을 단속하는 역할을 한다. 관세청에 다한 다음의 안내문 내용을 검색하여 완성하시오.

【답안】

관세청	
(12-1) 관세청의 아이덴티티마크	(12-2) 관세청의 이미지 마크에 사용된 **3가지 색** (12-3) 관세청의 **캐릭터 이름** (12-4) 관세청의 **두모진해관 개관일(연,월,일)**

제02회 기출예상문제

과 목	코 드	문제유형	시험시간	수험번호	성 명
인터넷	1152	A	60분		

수험자 유의사항

- 수험자는 문제지를 받는 즉시 **응시하고자 하는 과목의 문제지가 맞는지 확인**하여야 합니다.
- 시험과 직접 관련이 없는 행위 즉, 각종 웹사이트 로그인, 댓글 달기, 게시, 자료 업로드 등의 행위 또는 답안 내역을 보조기억장치 및 기타 통신수단(게시판, 이메일, 메신저, 네트워크 등)을 이용하여 타인에게 전달 또는 외부로 반출하는 경우는 자격기본법 제32에 의거 부정행위로 간주되어 본 시험 및 국가공인 자격시험을 2년간 응시할 수 없습니다.
- 내문서\ITQ폴더의 "답안파일-인터넷.hwp"파일을 열어 파일 이름을 "수험번호-성명-인터넷.hwp"로 답안폴더(내문서\ITQ\)에 다시 저장한 후 답안 작성을 시작하여야 하며, 답안문서 파일명이 일치하지 않을 경우 실격 처리됩니다(예 : 내문서\ITQ\12345678-홍길동-인터넷.hwp). (시험시 제공되는 답안파일 양식을 사용하지 않을 경우에는 0점 처리됨)
- 답안 작성을 마치면 파일을 저장하고, '답안 전송' 버튼을 선택하여 감독위원 PC로 답안을 전송하십시오. 수험자 정보와 저장한 파일명이 다를 경우 전송되지 않으므로 주의하시기 바랍니다.
- 답안 작성 중에도 **주기적으로 저장하고 답안을 전송**하여야 문제 발생을 줄일 수 있습니다. 작업한 내용을 저장하지 않고 전송할 경우 이전에 저장된 내용이 전송되오니 이점 유의하시기 바랍니다.
- 시험 중 부주의 또는 고의로 시스템을 파손한 경우는 수험자가 변상해야 하며, 〈수험자 유의사항〉에 기재된 방법대로 이행하지 않아 생기는 불이익은 수험자 당사자의 책임임을 알려 드립니다.
- 시험을 완료한 수험자는 답안파일이 전송되었는지 확인한 후 감독위원의 지시에 따라 문제지를 제출하고 퇴실합니다.

답안 작성요령

- 온라인 답안 작성 절차
  수험자 등록 ⇒ 시험 시작 ⇒ 답안파일 저장 ⇒ 답안 전송 ⇒ 시험 종료
- 시험 시작 전 시험과 무관한 프로그램의 실행을 중지시켜 주시기 바랍니다(채팅, 파일공유 등).
- 문제에 (정답)이라고 표시되어 있으면 정답만을 작성란에 기재하고, (정답, URL)이라고 표시되어 있으면 정답과 함께 URL을 반드시 기재하시기 바랍니다. 이를 준수하지 않을 경우 감점, 오답 처리 등 불이익이 있을 수 있습니다.
- 1번-3번, 5번-12번은 문제 번호에 따라 정답을 아래와 같이 답안파일에 정확히 기록하십시오.

문제유형		수검번호		성 명	
문제번호			답안		
6	정답			대한민국	

- 4번 문제는 번호에 따라 정답과 URL을 아래와 같이 답안파일에 정확히 기록하십시오(URL은 정답을 확인할 수 있는 최종 URL을 기재하십시오).

4	정답	ITQ정보기술자격
	URL	http://www.itq.or.kr/t_info/t_info_1.asp

- 4번 문제의 경우 개인 홈페이지나 블로그, 지식 검색(예 : 지식iN, 위키피디아 등)과 같이 개인 사견이 들어 있는 사이트, 첨부파일은 정답으로 인정하지 않습니다.
- 9번의 이미지 파일은 인터넷 답안지에 삽입한 후 반드시 지정된 이미지 크기로 변경하시기 바랍니다.
- 문제에서 제시한 단위, Full name 등의 조건에 맞도록 답안을 작성하시기 바랍니다.

ITQ 인터넷 — 인터넷 윤리(60점, 각 30점)

※ 문제에 대한 적절한 내용의 번호를 골라 답안지에 기재하시오.

문제 1 다음은 소프트웨어 다운로드 서비스를 제공하는 사이트 화면이다. 인터넷에서 소프트웨어를 다운받을 때 주의해야 할 것으로 옳지 않은 것은?

① 사용 가능한 라이센스를 확인한다.
② 설치하기 전 백신으로 검사한다.
③ 쉐어웨어는 일정기간만 사용 가능하다.
④ 프리웨어는 누구나 배포할 수 있다.

문제 2 개인정보를 지키기 위한 방법으로 옳지 않은 것은?

① 금융거래내역서를 버릴 때는 개인정보를 파기한다.
② 경품 이벤트 참여 시 당첨 물품 배송을 위하여 학력. 가족관계 등의 자세한 개인정보를 제공한다.
③ 공용으로 사용되는 PC에서 금융거래를 하지 않는다.
④ 인터넷뱅킹 비밀번호는 다른 사이트 비밀번호와 다르게 설정하고, 타인에게 알려주지 않는다.

ITQ 인터넷 — 인터넷 검색(370점)

일반검색Ⅰ (각 10점)

문제 3 2014년 선정된 이달의 독립운동가와 선정된 월에 해당하는 〈보기〉의 번호를 답안지에 적으시오(번호).

문제 3-1) 연병호 ·· (   )
문제 3-2) 김도현 ·· (   )
문제 3-3) 전덕기 ·· (   )

【보기】

① 1월	② 2월	③ 3월
④ 4월	⑤ 5월	⑥ 6월

일반검색 II (각 50점)

문제 4 유명한 기업·단체·기관·조직 등의 이름과 같은 인터넷 주소를 투기나 판매 목적으로 선점하는 행위를 말한다. 이것이 **무엇**(영문)인지 검색하시오(정답, URL).

문제 5 경제성장률(Economic growth rate)이란 일정 기간 동안 각 경제활동부문이 만들어낸 부가가치가 전년에 비하여 얼마나 증가하였는가를 보기 위한 지표로서 한 나라의 경제가 이룩한 경제의 성과를 측정하는 중요한 지표이다. e-나라지표에서 우리나라의 2014년 2/4분기 **경제성장률**(실질 GDP성장률)을 검색하시오(정답).

가로·세로 정보검색(각 30점)

※ 아래 각 문제의 설명을 읽고 가로·세로에 알맞은 단어를 답안에 기재하시오(정답).

문제 6 (세로) 편자·연대 미상의 한문 소담집으로 서울대학교 도서관에 소장되어 있는 필사본과, 1958년 민속학자료간행회에서 간행한 유인본『고금소총(古今笑叢)』속에 들어 있는 것이 널리 알려져 있다. 이것의 **이름**을 검색하시오.

문제 7 (가로) '그릇된 것을 깨뜨려 없애고 바른 것을 드러낸다' 라는 뜻으로, 부처의 가르침에 어긋나는 사악한 생각을 버리고 올바른 도리를 따른다는 의미의 **사자성어**를 검색하시오.

문제 8 (세로) '농사를 짓지 않고 오래 내버려 두어 거칠어진 밭' 을 이르는 **우리말**을 검색하시오.

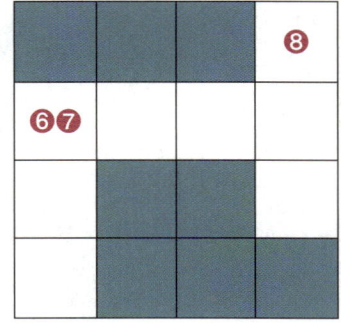

실용검색(각 50점)

문제 9 길찾기 서비스(포털 및 전문 검색사이트)를 이용하여 코엑스에서 잠실야구장을 도보로 가는 경로를 찾아 전체 화면을 캡처하여 답안파일에 붙여 넣으시오. (이미지 크기 150 x 100)

문제 10 우리나라의 마라톤 최고기록은 2000년 도쿄 국제마라톤에서 세운 이봉주 선수의 2시간 7분 20초의 기록이다. 국제육상경기연맹과 대한육상경기연맹의 공인 기록 중 국내 남자 선수의 2014년 **최고기록과 선수명**을 검색하시오(정답).

문제 11 우정사업본부에서는 '한국-우루과이 수교 50주년' 을 기념하기 위해 각국의 대표 민속놀이를 도안하여 기념 우표로 발행하였다. 우표 디자인에 사용한 각국의 대표 **민속놀이 이름**을 검색하시오(정답).

ITQ 인터넷　정보 가공(70점)

※ 제시된 주제에 따라 답안을 완성하시오.

문제 12　한국장학재단은 맞춤형 국가 장학제도 구축을 통해 경제적 여건과 관련없이 의지와 능력만 있으면 누구 공부할 수 있도록 지원하는 기관이다. 한국장학재단에 대한 다음의 안내로 내용을 검색하여 완성하시오.

【답안】

	한국장학재단
(12-1) 한국장학재단의 국·영문시그니처	(12-2) 한국장학재단의 **캐릭터 3개의 이름** (12-3) 한국장학재단의 **핵심 경영가치** (12-4) 한국장학재단의 **4대 경영방침**

제 03 회 기출예상문제

과 목	코 드	문제유형	시험시간	수험번호	성 명
인터넷	1152	A	60분		

수험자 유의사항

- 수험자는 문제지를 받는 즉시 **응시하고자 하는 과목의 문제지가 맞는지 확인**하여야 합니다.
- 시험과 직접 관련이 없는 행위 즉, 각종 웹사이트 로그인, 댓글 달기, 게시, 자료 업로드 등의 행위 또는 답안 내역을 보조기억장치 및 기타 통신수단(게시판, 이메일, 메신저, 네트워크 등)을 이용하여 타인에게 전달 또는 외부로 반출하는 경우는 자격기본법 제32에 의거 부정행위로 간주되어 본 시험 및 국가공인 자격시험을 2년간 응시할 수 없습니다.
- 내문서\ITQ폴더의 "**답안파일-인터넷.hwp**" 파일을 열어 파일 이름을 "**수험번호-성명-인터넷.hwp**"로 답안폴더(내문서\ITQ\)에 다시 저장한 후 답안 작성을 시작하여야 하며, 답안문서 파일명이 일치하지 않을 경우 실격 처리됩니다(예 : 내문서\ITQ\12345678-홍길동-인터넷.hwp). (시험시 제공되는 답안파일 양식을 사용하지 않을 경우에는 0점 처리됨)
- 답안 작성을 마치면 파일을 저장하고, '답안 전송' 버튼을 선택하여 감독위원 PC로 답안을 전송하십시오. 수험자 정보와 저장한 파일명이 다를 경우 전송되지 않으므로 주의하시기 바랍니다.
- 답안 작성 중에도 **주기적으로 저장하고 답안을 전송**하여야 문제 발생을 줄일 수 있습니다. 작업한 내용을 저장하지 않고 전송할 경우 이전에 저장된 내용이 전송되오니 이점 유의하시기 바랍니다.
- 시험 중 부주의 또는 고의로 시스템을 파손한 경우는 수험자가 변상해야 하며, 〈수험자 유의사항〉에 기재된 방법대로 이행하지 않아 생기는 불이익은 수험자 당사자의 책임임을 알려 드립니다.
- 시험을 완료한 수험자는 답안파일이 전송되었는지 확인한 후 감독위원의 지시에 따라 문제지를 제출하고 퇴실합니다.

답안 작성요령

- 온라인 답안 작성 절차
  수험자 등록 ⇒ 시험 시작 ⇒ 답안파일 저장 ⇒ 답안 전송 ⇒ 시험 종료
- 시험 시작 전 시험과 무관한 프로그램의 실행을 중지시켜 주시기 바랍니다(채팅, 파일공유 등).
- 문제에 (정답)이라고 표시되어 있으면 정답만을 작성란에 기재하고, (정답, URL)이라고 표시되어 있으면 정답과 함께 URL을 반드시 기재하시기 바랍니다. 이를 준수하지 않을 경우 감점, 오답 처리 등 불이익이 있을 수 있습니다.
- 1번-3번, 5번-12번은 문제 번호에 따라 정답을 아래와 같이 답안파일에 정확히 기록하십시오.

문제유형		수검번호		성 명	
문제번호			답안		
6	정답		대한민국		

- 4번 문제는 번호에 따라 정답과 URL을 아래와 같이 답안파일에 정확히 기록하십시오(URL은 정답을 확인할 수 있는 최종 URL을 기재하십시오).

4	정답	ITQ정보기술자격
	URL	http://www.itq.or.kr/t_info/t_info_1.asp

- 4번 문제의 경우 개인 홈페이지나 블로그, 지식 검색(예 : 지식iN, 위키피디아 등)과 같이 개인 사견이 들어 있는 사이트, 첨부파일은 정답으로 인정하지 않습니다.
- 9번의 이미지 파일은 인터넷 답안지에 삽입한 후 반드시 지정된 이미지 크기로 변경하시기 바랍니다.
- 문제에서 제시한 단위, Full name 등의 조건에 맞도록 답안을 작성하시기 바랍니다.

ITQ 인터넷 — 인터넷 윤리(60점, 각 30점)

※ 문제에 대한 적절한 내용의 번호를 골라 답안지에 기재하시오.

문제 1 다음 그림은 대안화폐의 일종인 비트코인의 로고이다. 대안화폐에 대한 설명으로 옳지 않은 것은?

① 대부분 중앙정부에서 주도하여 만든다.
② 온라인에서 사용할 수 있는 가상화폐이다.
③ 비트코인, 헐코인, 레드코인 등이 있다.
④ 필요한 단위만큼 사용할 수 있다.

문제 2 안전한 인터넷 사용을 위한 비밀번호 관리방법으로 옳지 않은 것은?

① 비밀번호를 잊지 않도록 자동 로그인 설정을 하여 사용한다.
② 비밀번호는 주기적으로 변경하여 사용한다.
③ 사전에 등록된 단어나 연속된 문자를 사용하지 않는다.
④ 주민등록번호나 전화번호 등을 사용하지 않는다.

ITQ 인터넷 — 인터넷 검색(370점)

일반검색 I (각 10점)

문제 3 부산국제영화제의 개최횟수와 개막작에 해당하는 〈보기〉의 번호를 답안지에 적으시오(번호).

문제 3-1) 제19회 부산국제영화제 ·· (   )
문제 3-2) 제17회 부산국제영화제 ·· (   )
문제 3-3) 제15회 부산국제영화제 ·· (   )

【보기】

① 콜드 워
② 스탈린의 선물
③ 산사나무 아래
④ 오직 그대만
⑤ 굿모닝 프레지던트
⑥ 군중낙원

일반검색 II (각 50점)

문제 4 종합 유선 방송이나 다채널 위성 방송 서비스의 한 형태로 5~10분마다 시간을 달리해서 동일 프로그램을 복수 채널에 분배, 방송하면 시청자는 원하는 시간대에 희망하는 프로그램을 볼 수 있는 장점이 있는 것으로 일반적으로 CATV 전송망을 사용하는데 최근에는 인터넷이나 구내 정보 통신망(LAN)도 이용한다. 이것의 **용어**(영문)를 검색하시오(정답, URL).

문제 5 표준지공시지가란 대한민국 전국의 개별토지 중 지가대표성 등이 있는 토지를 선정·조사하여 평가·공시하는 것으로서 매년 1월 1일 기준 표준지의 단위면적당 가격(원/㎡)을 말한다. '제주특별자치도 서귀포시 강정동 36 엉또폭포 동측 인근'의 **2014년 표준지공시지가(단위 :원)**를 검색하시오(정답).

가로·세로 정보검색(각 30점)

※ 아래 각 문제의 설명을 읽고 가로·세로에 알맞은 단어를 답안에 기재하시오(정답).

문제 6 (세로) '어미에게 되먹이는 까마귀의 효성'이라는 뜻으로, 자식이 부모의 은혜에 보답한다는 의미의 **사자성어**(고사성어)를 검색하시오.

문제 7 (가로) 경주시 배동에 있는 신라의 별궁이 있던 자리로, 건물은 없어지고 석조 구조물만 남아있다. 사적 문화재로 지정되어 있는 이곳의 **이름**을 검색하시오.

문제 8 (가로) '두 대상이나 물체 사이가 썩 가깝게'를 이르는 **우리말**을 검색하시오.

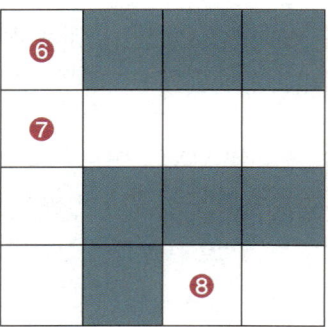

실용검색(각 50점)

문제 9 길찾기 서비스(포털 및 전문 검색사이트)를 이용하여 가락시장에서 몽촌토성을 자전거로 가는 경로를 찾아 전체화면을 캡처하여 답안파일에 붙여 넣으시오. (이미지 크기 150 x 100)

문제 10 최초의 어린이헌장은 1957년 제35회 어린이날을 기하여 공포하였다. 그 후 주무부서인 보건복지부는 '굶주린 어린이는 먹여야 한다' 등의 피상적인 내용을 전면 개정, 이를 1988년 제66회 어린이날을 기하여 다시 공포하였다. 개정된 어린이헌장의 11가지 항목 중 **아홉 번째 항목(내용)**을 검색하시오(정답).

문제 11 수원~인천 복선 전철 사업 중 1단계 구간인 오이도~송도는 2012년 6월 개통했고, 송도~인천 7.7km 구간은 2015년 개통 예정이다. 현재 수인선 연수역에서 1호선 인천역까지의 **열차운임**(성인 교통카드 기준)을 검색하시오(정답).

ITQ 인터넷   정보 가공(70점)

※ 제시된 주제에 따라 답안을 완성하시오.

문제 12 서울특별시의 에코마일리지는 자발적인 에너지 절약을 통해 온실가스를 줄이기 위한 시민참여 프로그램입니다. 에코마일리지에 대한 다음의 안내문 내용을 검색하여 완성하시오.

【답안】

	에코마일리지
(12-1) 에코마일리지 홈페이지 로고	(12-2) 에코마일리지의 **의미** (12-3) 2010년 전국 대비 **서울시의 온실가스 배출량 비율** (12-4) 에코마일리지 카드 **발급 사이트 주소**

제 04 회 기출예상문제

Information Technology Qualification

D - 일

과 목	코 드	문제유형	시험시간	수험번호	성 명
인터넷	1152	A	60분		

수험자 유의사항

- 수험자는 문제지를 받는 즉시 **응시하고자 하는 과목의 문제지가 맞는지 확인**하여야 합니다.
- 시험과 직접 관련이 없는 행위 즉, 각종 웹사이트 로그인, 댓글 달기, 게시, 자료 업로드 등의 행위 또는 답안 내역을 보조기억장치 및 기타 통신수단(게시판, 이메일, 메신저, 네트워크 등)을 이용하여 타인에게 전달 또는 외부로 반출하는 경우는 자격기본법 제32에 의거 부정행위로 간주되어 본 시험 및 국가공인 자격시험을 2년간 응시할 수 없습니다.
- 내문서\ITQ폴더의 **"답안파일-인터넷.hwp"** 파일을 열어 파일 이름을 **"수험번호-성명-인터넷.hwp"** 로 답안폴더(내문서\ITQ\)에 다시 저장한 후 답안 작성을 시작하여야 하며, 답안문서 파일명이 일치하지 않을 경우 실격 처리됩니다(예 : 내문서\ITQ\12345678-홍길동-인터넷.hwp). (시험시 제공되는 답안파일 양식을 사용하지 않을 경우에는 0점 처리됨)
- 답안 작성을 마치면 파일을 저장하고, '답안 전송' 버튼을 선택하여 감독위원 PC로 답안을 전송하십시오. 수험자 정보와 저장한 파일명이 다를 경우 전송되지 않으므로 주의하시기 바랍니다.
- 답안 작성 중에도 **주기적으로 저장하고 답안을 전송**하여야 문제 발생을 줄일 수 있습니다. 작업한 내용을 저장하지 않고 전송할 경우 이전에 저장된 내용이 전송되오니 이점 유의하시기 바랍니다.
- 시험 중 부주의 또는 고의로 시스템을 파손한 경우는 수험자가 변상해야 하며, 〈수험자 유의사항〉에 기재된 방법대로 이행하지 않아 생기는 불이익은 수험자 당사자의 책임임을 알려 드립니다.
- 시험을 완료한 수험자는 답안파일이 전송되었는지 확인한 후 감독위원의 지시에 따라 문제지를 제출하고 퇴실합니다.

답안 작성요령

- 온라인 답안 작성 절차
  수험자 등록 ⇒ 시험 시작 ⇒ 답안파일 저장 ⇒ 답안 전송 ⇒ 시험 종료
- 시험 시작 전 시험과 무관한 프로그램의 실행을 중지시켜 주시기 바랍니다(채팅, 파일공유 등).
- 문제에 (정답)이라고 표시되어 있으면 정답만을 작성란에 기재하고, (정답, URL)이라고 표시되어 있으면 정답과 함께 URL을 반드시 기재하시기 바랍니다. 이를 준수하지 않을 경우 감점, 오답 처리 등 불이익이 있을 수 있습니다.
- 1번-3번, 5번-12번은 문제 번호에 따라 정답을 아래와 같이 답안파일에 정확히 기록하십시오.

문제유형		수검번호		성 명	
문제번호			답안		
6	정답		대한민국		

- 4번 문제는 번호에 따라 정답과 URL을 아래와 같이 답안파일에 정확히 기록하십시오(URL은 정답을 확인할 수 있는 최종 URL을 기재하십시오).

4	정답	ITQ정보기술자격
	URL	http://www.itq.or.kr/t_info/t_info_1.asp

- 4번 문제의 경우 개인 홈페이지나 블로그, 지식 검색(예 : 지식iN, 위키피디아 등)과 같이 개인 사견이 들어 있는 사이트, 첨부파일은 정답으로 인정하지 않습니다.
- 9번의 이미지 파일은 인터넷 답안지에 삽입한 후 반드시 지정된 이미지 크기로 변경하시기 바랍니다.
- 문제에서 제시한 단위, Full name 등의 조건에 맞도록 답안을 작성하시기 바랍니다.

ITQ 인터넷 — 인터넷 윤리(60점, 각 30점)

※ 문제에 대한 적절한 내용의 번호를 골라 답안지에 기재하시오.

문제 1 다음 그림은 대표적인 쇼핑몰의 화면이다. 온라인 쇼핑몰과 같은 전자상거래의 특징으로 맞지 않는 것은?

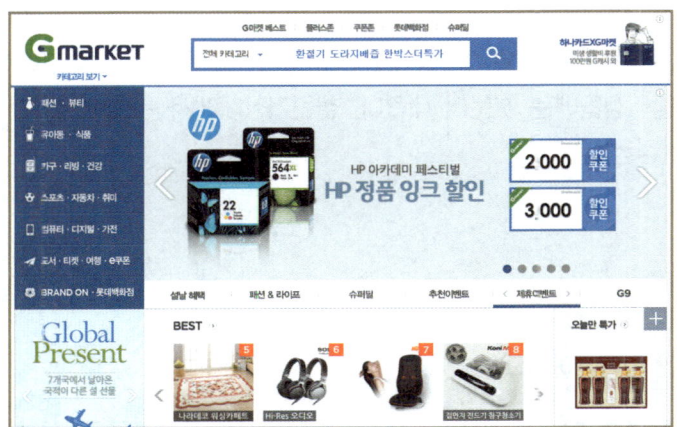

① 필요한 상품을 쉽게 검색할 수 있다.
② 결제는 신용카드로만 할 수 있다.
③ 모든 구매과정이 온라인에서 이루어진다.
④ 인터넷 검색으로 가격을 비교할 수 있다.

문제 2 공공기관의 개인정보 보호에 관한 규정으로 옳지 않은 것은?

① 보유 목적에 합당하게 정보 파일을 이용하고 제공하여야 한다.
② 공공기관의 개인정보 파일은 영구히 보존해야 한다.
③ 개인의 사상이나 신조 등에 대한 정보는 수집할 수 없다.
④ 공공기관에 기록된 개인정보는 개인의 동의를 받고 다른 기관에 제공할 수도 있다.

ITQ 인터넷 — 인터넷 검색(370점)

■■ 일반검색 I (각 10점)

문제 3 역대 대통령과 취임한 년도에 해당하는 〈보기〉의 번호를 답안지에 적으시오(번호).

문제 3-1) 김영삼 대통령 ·· (   )

문제 3-2) 노무현 대통령 ·· (   )

문제 3-3) 김대중 대통령 ·· (   )

【보기】

| ① 1993년 | ② 1998년 | ③ 2003년 |
| ④ 2008년 | ⑤ 2013년 | |

일반검색 II (각 50점)

문제 4 국내 금융권에서 감염되었던 크립토락커(Cryptolocker)와 같이 사용자의 동의 없이 컴퓨터를 감염시키고 컴퓨터 내의 사용자 데이터 등을 암호화하여 돈을 요구하는 악성 프로그램을 지칭하는 **용어**를 검색하시오(정답, URL).

문제 5 2014년 수능시험을 치른 11월 13일 서울의 아침 최저기온이 처음 영하권으로 떨어졌고 대전·전주·대구에서 첫 얼음이 확인되었으며, 전북 군산·전주·고창·정읍에는 첫눈이 내렸다. 철원기상대에서 관측한 2014년 11월 13일(목)의 **최저기온**(단위:℃)을 검색하시오(정답).

가로·세로 정보검색(각 30점)

※ 아래 각 문제의 설명을 읽고 가로·세로에 알맞은 단어를 답안에 기재하시오(정답).

문제 6 (세로) '거문고 줄을 바꾸어 매다'는 뜻으로, 일반적으로 정치적 개혁을 일컫는 **사자성어**(고사성어)를 검색하시오.

문제 7 (가로) 왕세자빈이 혼례 후, 왕실 가족과 함께 종묘를 참배하는 의례를 **무엇**이라 하는지 검색하시오.

문제 8 (가로) '여러 장으로 돌아다니면서 물건을 파는 장수'를 이르는 **우리말**을 검색하시오.

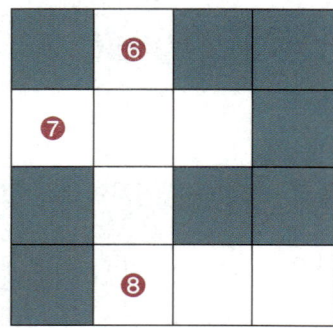

실용검색(각 50점)

문제 9 길찾기 서비스(포털 및 전문 검색사이트)를 이용하여 신촌역에서 서울월드컵경기장을 자동차로 가는 경로를 찾아 전체화면을 캡처하여 답안파일에 붙여 넣으시오. (이미지 크기 150 x 100)

문제 10 서울시는 지하철 2호선을 도는 1대의 전동차 내·외부를 라바 캐릭터로 꾸미고 11월부터 운행하고 있다. 토요일 신도림에서 출발(내선)하는 라바 지하철의 첫차 **출발시각**을 검색하시오(정답).

문제 11 유럽우주국(ESA)의 탐사선이 인류 역사상 처음으로 탐사로봇을 혜성 표면에 착륙시켰다. 이 탐사선의 이름과 지구에서 **언제**(연월) 발사되었는지 검색하시오(정답).

ITQ 인터넷　정보 가공(70점)

※ 제시된 주제에 따라 답안을 완성하시오.

문제 12　세계우표전시회 필라코리아 2014는 세계 각국 우표와의 만남을 통해서 인류애와 화합의 정신을 갖는 계기를 마련하고, 더 나아가 세계평화를 기원하기 위해 개최되었다. 세계우표전시회 필라코리아 2014에 대한 다음의 안내문 내용을 검색하여 완성하시오.

【답안】

세계우표전시회 필라코리아 2014	
(12-1) 세계우표전시회 필라코리아 2014의 엠블렘	(12-2) 세계우표전시회 필라코리아 2014의 **전시 장소** (12-3) 세계우표전시회 필라코리아 2014의 **수집위원장 이름** (12-4) 세계우표전시회 필라코리아 2014의 **마스코트 이름**

제 05 회 기출예상문제

과 목	코 드	문제유형	시험시간	수험번호	성 명
인터넷	1152	A	60분		

수험자 유의사항

- 수험자는 문제지를 받는 즉시 **응시하고자 하는 과목의 문제지가 맞는지 확인**하여야 합니다.
- 시험과 직접 관련이 없는 행위 즉, 각종 웹사이트 로그인, 댓글 달기, 게시, 자료 업로드 등의 행위 또는 답안 내역을 보조기억장치 및 기타 통신수단(게시판, 이메일, 메신저, 네트워크 등)을 이용하여 타인에게 전달 또는 외부로 반출하는 경우는 자격기본법 제32에 의거 부정행위로 간주되어 본 시험 및 국가공인 자격시험을 2년간 응시할 수 없습니다.
- 내문서\ITQ폴더의 "답안파일-인터넷.hwp"파일을 열어 파일 이름을 "수험번호-성명-인터넷.hwp"로 답안폴더(내문서\ITQ\)에 다시 저장한 후 답안 작성을 시작하여야 하며, 답안문서 파일명이 일치하지 않을 경우 실격 처리됩니다(예 : 내문서\ITQ\12345678-홍길동-인터넷.hwp). (시험시 제공되는 답안파일 양식을 사용하지 않을 경우에는 0점 처리됨)
- 답안 작성을 마치면 파일을 저장하고, '답안 전송' 버튼을 선택하여 감독위원 PC로 답안을 전송하십시오. 수험자 정보와 저장한 파일명이 다를 경우 전송되지 않으므로 주의하시기 바랍니다.
- 답안 작성 중에도 **주기적으로 저장하고 답안을 전송**하여야 문제 발생을 줄일 수 있습니다. 작업한 내용을 저장하지 않고 전송할 경우 이전에 저장된 내용이 전송되오니 이점 유의하시기 바랍니다.
- 시험 중 부주의 또는 고의로 시스템을 파손한 경우는 수험자가 변상해야 하며, 〈수험자 유의사항〉에 기재된 방법대로 이행하지 않아 생기는 불이익은 수험자 당사자의 책임임을 알려 드립니다.
- 시험을 완료한 수험자는 답안파일이 전송되었는지 확인한 후 감독위원의 지시에 따라 문제지를 제출하고 퇴실합니다.

답안 작성요령

- 온라인 답안 작성 절차
  수험자 등록 ⇒ 시험 시작 ⇒ 답안파일 저장 ⇒ 답안 전송 ⇒ 시험 종료
- 시험 시작 전 시험과 무관한 프로그램의 실행을 중지시켜 주시기 바랍니다(채팅, 파일공유 등).
- 문제에 (정답)이라고 표시되어 있으면 정답만을 작성란에 기재하고, (정답, URL)이라고 표시되어 있으면 정답과 함께 URL을 반드시 기재하시기 바랍니다. 이를 준수하지 않을 경우 감점, 오답 처리 등 불이익이 있을 수 있습니다.
- 1번-3번, 5번-12번은 문제 번호에 따라 정답을 아래와 같이 답안파일에 정확히 기록하십시오.

문제유형		수검번호		성 명	
문제번호			답안		
6	정답		대한민국		

- 4번 문제는 번호에 따라 정답과 URL을 아래와 같이 답안파일에 정확히 기록하십시오(URL은 정답을 확인할 수 있는 최종 URL을 기재하십시오).

4	정답	ITQ정보기술자격
	URL	http://www.itq.or.kr/t_info/t_info_1.asp

- 4번 문제의 경우 개인 홈페이지나 블로그, 지식 검색(예 : 지식iN, 위키피디아 등)과 같이 개인 사견이 들어 있는 사이트, 첨부파일은 정답으로 인정하지 않습니다.
- 9번의 이미지 파일은 인터넷 답안지에 삽입한 후 반드시 지정된 이미지 크기로 변경하시기 바랍니다.
- 문제에서 제시한 단위, Full name 등의 조건에 맞도록 답안을 작성하시기 바랍니다.

ITQ 인터넷 — 인터넷 윤리(60점, 각 30점)

※ 문제에 대한 적절한 내용의 번호를 골라 답안지에 기재하시오.

문제 1 다음은 본인확인 수단의 하나인 마이핀에 대한 안내 그림이다. 마이핀의 설명으로 옳지 않은 것은?

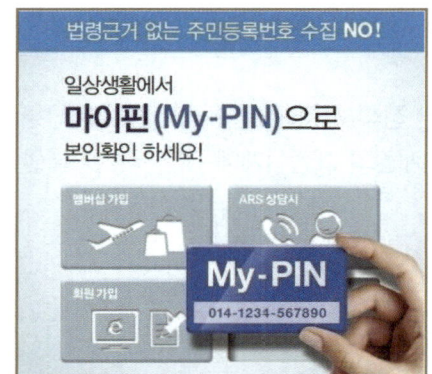

① 주민번호 대신 본인 확인을 받을 수 있다.
② 오프라인에서 사용하는 본인확인 수단이다.
③ 아이핀을 발급받아야 신청할 수 있다.
④ 발급받은 번호에 개인정보가 포함되어 있다.

문제 2 인터넷에서의 올바른 게시판 작성 방법으로 옳은 것은?

① 문법에 알맞은 표현을 사용한다.
② 사실에 근거하지 않는 글을 올린다.
③ 완성되지 않은 형태의 문자를 사용한다.
④ 빠른 의사전달을 위해 약어만을 사용한다.

ITQ 인터넷 — 인터넷 검색(370점)

■■ 일반검색 I (각 10점)

문제 3 다음 작곡가와 대표적인 작품에 해당하는 〈보기〉의 번호를 답안지에 적으시오(번호).

문제 3-1) 베토벤 ·· (   )
문제 3-2) 쇼팽 ·· (   )
문제 3-3) 모차르트 ·· (   )

【보기】

| ① 즉흥환상곡 | ② 터키행진곡 | ③ 메시아 |
| ④ 영웅교향곡 | ⑤ 사계 | ⑥ 천지창조 |

일반검색 II (각 50점)

문제 4 휴대전화로 자동차를 원격 제어할 수 있는 모바일 텔레매틱스 서비스로 휴대전화로 엔진 및 브레이크 등 구동 장치의 이상 유무와 유류 정보를 확인하고 도어, 트렁크, 전조 후미등 등 각종 부속을 감시, 제어하고 모바일 기기와 자동차 간 콘텐츠 연동이 가능해 휴대전화에 저장된 음악과 동영상을 차량에 별도로 내려받을 필요 없이 차량 AV를 통해 재생할 수 있다. 이 기술의 **용어**(영문)를 검색하시오(정답, URL).

문제 5 국가기록물 열람 추이를 살펴보면, 시기별로 국민의 관심사항과 국가적인 정책 시행에 따라 국민들의 기록물 열람내용과 양이 달라지고 있음을 알 수 있다. e-나라지표에서 2013년 개인의 재산관계에 대한 국가기록물 **열람 현황**(단위: 건)을 검색하시오(정답).

가로·세로 정보검색(각 30점)

※ 아래 각 문제의 설명을 읽고 가로·세로에 알맞은 단어를 답안에 기재하시오(정답).

문제 6 (세로) '하루에 천리를 간다'는 뜻으로, 진전속도가 아주 빠름을 비유적으로 이르는 **사자성어**(고사성어)를 검색하시오.

문제 7 (가로) 일식 때 달이 태양의 광구(光球)를 완전히 가리지 못하여 태양의 가장자리 부분이 금가락지 모양으로 보이는 현상을 **무엇**이라 하는지 검색하시오.

문제 8 (가로) '음식을 먹다가 볼을 깨물어 까맣게 피가 맺힌 상처'를 이르는 **우리말**을 검색하시오.

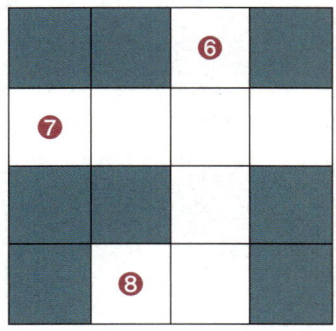

실용검색(각 50점)

문제 9 길찾기 서비스(포털 및 전문 검색사이트)를 이용하여 남대문시장에서 남산도서관을 도보로 가는 경로를 찾아 전체화면을 캡처하여 답안파일에 붙여 넣으시오. (이미지 크기 150 x 100)

문제 10 우리나라 문화유산에 대한 자긍심을 고취하고 우수성을 홍보하기 위해 발행되는 한국의 문화유산 기념주화는 각 문화유산의 고유 특징을 살려 원형, 사각형, 삼각형 모양으로 제작되어 3종류가 동시 발행된다. 이달에 발행되는 기념주화 **도안 제목**(문화유산 이름) 3가지를 검색하시오(정답).

문제 11 개항기 목포의 역사 체험 현장으로 활용하고 있는 목포근대역사관 1관이 무료 관람을 종료하고 2014년 11월부터 유료화를 시행하고 있다. 신분증을 소지한 목포시민(개인, 성인)의 **관람료**를 검색하시오(정답).

ITQ 인터넷 — 정보 가공(70점)

※ 제시된 주제에 따라 답안을 완성하시오.

문제 12 생활체육 동호인들의 최대행사인 2014 전국생활체육대축전이 지난 2014년 8월 22일부터 8월 24일까지 속초를 비롯한 강원도 내 11개 시군에서 열렸다. 2014 전국생활체육대축전에 대한 다음의 안내문 내용을 검색하여 완성하시오.

【답안】

	2014 전국생활체육대축전
(12-1) 2014 전국생활체육대축전의 엠블럼	(12-2) 2014 전국생활체육대축전 **캐릭터의 상징 동물** (12-3) 2014 전국생활체육대축전의 **종목 수** (12-4) 2014 전국생활체육대축전의 **폐회식 장소**

INFORMATION

TECHNOLOGY

QUALIFICATION

정답 및 해설

정답 01장

실전다잡기 01	2	실전다잡기 02	3	실전다잡기 03	2	실전다잡기 04	3
실전다잡기 05	4	실전다잡기 06	3	실전다잡기 07	4	실전다잡기 08	3
실전다잡기 09	4	실전다잡기 10	2	실전다잡기 11	3	실전다잡기 12	1
실전다잡기 13	2	실전다잡기 14	3	실전다잡기 15	3	실전다잡기 16	1

정답 02장 일반 검색

실전다잡기 01	문제 3-1	3	실전다잡기 02	문제 3-1	4	실전다잡기 03	문제 3-1	1
	문제 3-2	1		문제 3-2	2		문제 3-2	2
	문제 3-3	4		문제 3-3	3		문제 3-3	5
실전다잡기 04	문제 3-1	1	실전다잡기 05	문제 3-1	2	실전다잡기 06	문제 3-1	1
	문제 3-2	3		문제 3-2	5		문제 3-2	3
	문제 3-3	5		문제 3-3	4		문제 3-3	5
실전다잡기 07	문제 3-1	4	실전다잡기 08	문제 3-1	3			
	문제 3-2	3		문제 3-2	4			
	문제 3-3	1		문제 3-3	1			

실전다잡기 09	하인리히 법칙		
	URL	http://member.pressian.com/article/article.asp?article_num=10130905001052&section=03	
실전다잡기 10	라이파이(Li-Fi ; 라이트 피델리티(light-fidelity)		
	URL	http://terms.naver.com/entry.nhn?docId=2009648&cid=389&categoryId=2638	
실전다잡기 11	플라스마 라이팅 시스템 [PLS; Plasma Lighting System]		
	URL	http://terms.naver.com/entry.nhn?docId=865876&cid=337&categoryId=337	
실전다잡기 12	봇(보트) 프로그램(bot program)		
	URL	http://terms.naver.com/entry.nhn?docId=932445&cid=390&categoryId=390	
실전다잡기 13	백도어(Back Door) 또는 트랩 도어(trap door)		
	URL	http://terms.co.kr/backdoor.htm	
실전다잡기 14	5,946		
실전다잡기 15	18.9℃ (2013년 2월 4일 기준)		
실전다잡기 16	980,000원		
실전다잡기 17	80		
실전다잡기 18	2.64		

정답 03장 퍼즐 정보 검색

실전다잡기 01	문제 6	전미개오(轉迷開悟)
	문제 7	싸개통(또는 싸개질)
	문제 8	춘희
실전다잡기 03	문제 6	여민동락(與民同樂)
	문제 7	여우별
	문제 8	배당락
실전다잡기 05	문제 6	시위잠
	문제 7	마부위침(磨斧爲針)
	문제 8	마식령
실전다잡기 07	문제 6	막상막하(莫上莫下)
	문제 7	막새
	문제 8	될뻔댁

실전다잡기 02	문제 6	제구포신(除舊布新)
	문제 7	글구멍
	문제 8	독공
실전다잡기 04	문제 6	격탁양청(激濁揚淸)
	문제 7	청질
	문제 8	거머리말
실전다잡기 06	문제 6	상창난기(上蒼難欺)
	문제 7	창알
	문제 8	백화
실전다잡기 08	문제 6	가시
	문제 7	시복식
	문제 8	출곡천교(出谷遷喬)

정답 04장 실용 검색

실전다잡기 01

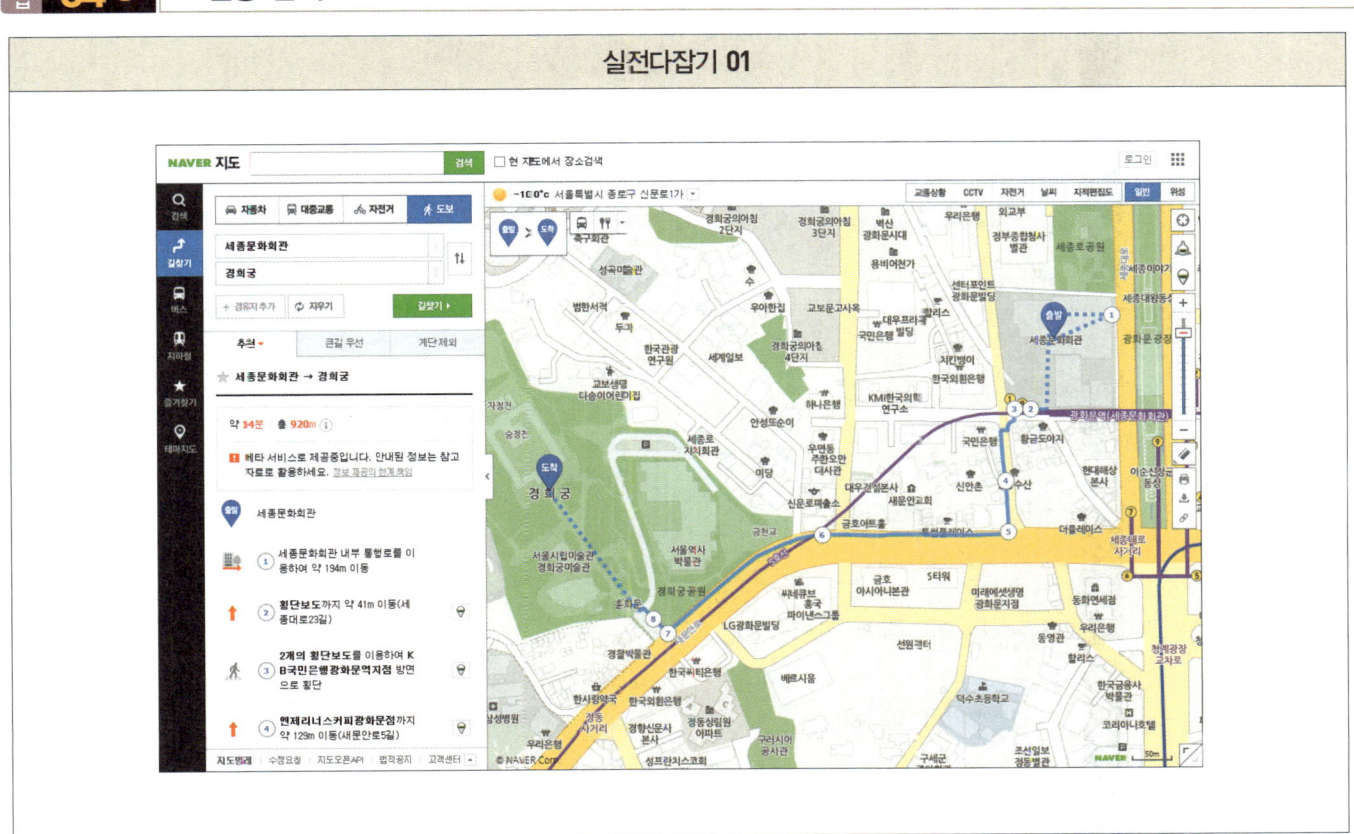

실전다잡기 02

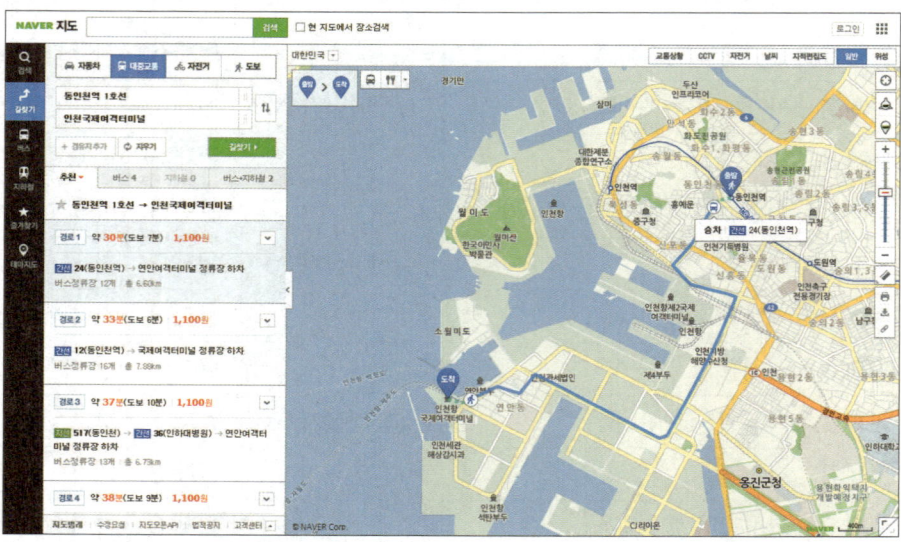

실전다잡기 03

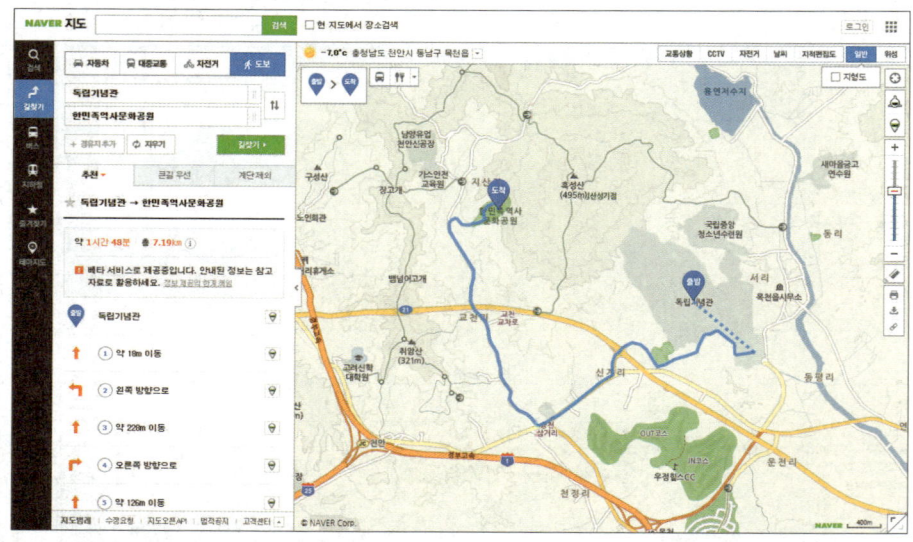

실전다잡기 04

실전다잡기 05

실전다잡기 06

실전다잡기 07

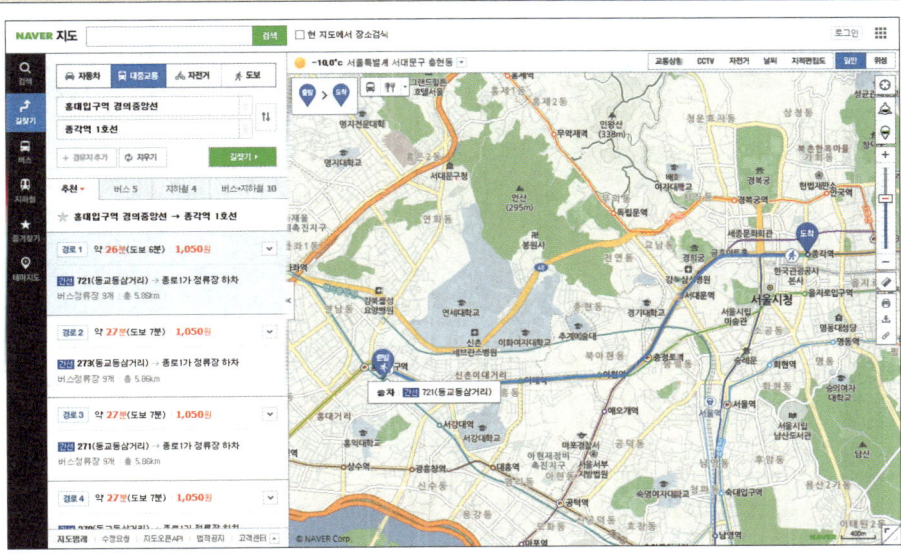

실전다잡기 08

실전다잡기 09

실전다잡기 10

실전다잡기 11	07시42분	실전다잡기 12	3월17일~4월11일
실전다잡기 13	잘 먹고 잘사는 법(SWEET TEMPTATION)	실전다잡기 14	3월 26일
실전다잡기 15	136	실전다잡기 16	7월30일
실전다잡기 17	121,500원	실전다잡기 18	정릉
실전다잡기 19	마케도니아	실전다잡기 20	4코스

정답 07장 정보 가공

실전다잡기 01		
쉽고 바른 국어, 국립국어원		
(12-1)	(12-2)	1991년 1월 23일
	(12-3)	서울시 강서구 금낭화로 154 (방화3동 827번지)
	(12-4)	보통

실전다잡기 02		
모두를 위한 오페라, 국립오페라단		
(12-1)	(12-2)	왕자호동
	(12-3)	라트라비아타
	(12-4)	1962년

실전다잡기 03		
민족의 얼이 서린 곳, 국립서울현충원		
(12-1)	(12-2)	동작동 국립묘지
	(12-3)	1969년 4월 30일
	(12-4)	동,서,남,북 4방향을 수호한다

실전다잡기 04		
전력자원을 개발하는, 한국전력공사		
(12-1) [KEPCO 로고]	(12-2)	Smart Energy Creator, KEPCO
	(12-3)	미래지향, 도전혁신, 고객존중, 사회책임, 소통화합
	(12-4)	경복궁 건청궁
실전다잡기 05		
신비한 과학체험의 시작, 국립중앙과학관		
(12-1) [국립중앙과학관 로고]	(12-2)	샘이, 탐이, 꿈이
	(12-3)	1,595,390명
	(12-4)	500원
실전다잡기 06		
소통과 참여, 경기도어린이박물관		
(12-1) [경기도어린이박물관 로고]	(12-2)	사이
	(12-3)	자기주도적 함양을 위한 학습박물관
	(12-4)	오전10시~오후5시(총7시간, 점심시간1~2시)

01회 실전모의고사

문제번호	답안		
문제 1	3	문제 2	3
문제 3-1	2	문제 3-2	3
문제 3-3	1		
문제 4	Twitterology (트위터롤로지)		
	URL	http://terms.naver.com/entry.nhn?docId=973166&cid=390&categoryId=390	
문제 5	20.6℃ (2013년 5월 5일)		
문제 6	명동시		
문제 7	유시유종(有始有終)		
문제 8	아강		
문제 9	▼ 이곳에 답안 화면을 캡쳐하여 붙여 넣으시오(이미지크기 150mm X 100mm).		
문제 10	8.50		
문제 11	16,000원		
문제 12	정부3.0		
	(12-1) 행복한 대한민국을 여는 정부3.0	(12-2)	공공정보를 적극적으로 개방하고 공유하며 부처 간 칸막이를 없애 소통하고 협력함으로써, 국민 맞춤형 서비스를 제공하고 동시에 일자리 창출과 창조경제를 지원하는 새로운 정부운영 패러다임
		(12-3)	소통하는 투명한 정부, 일 잘하는 유능한 정부, 국민 중심의 서비스정부
		(12-4)	스마트모바일(무선인터넷)

정답 02회 실전모의고사

문제번호	답안		
문제 1	4	문제 2	1
문제 3-1	5	문제 3-2	2
문제 3-3	1		
문제 4	internet of things (사물인터넷)		
	URL	http://terms.naver.com/entry.nhn?docId=1968153&cid=390&categoryId=390	
문제 5	11,483		
문제 6	역풍장범(逆風張帆)		
문제 7	풍월		
문제 8	갈맷빛(갈매빛)		
문제 9	▼ 이곳에 답안 화면을 캡처하여 붙여 넣으시오(이미지크기 150mm X 100mm).		
문제 10	06.15 ~ 06.20		
문제 11	종묘 묘현례 또는 묘현례		
문제 12	환경정보공개시스템		
	(12-1) 환경정보공개시스템 ENV-INFO SYSTEM	(12-2)	환경정보공개 의무화, 기업/기관 등의 녹색경영 및 사회적 책임 달성, 환경정보에 대한 수요를 충족
		(12-3)	2008. 12
		(12-4)	환경기술 및 환경산업 지원법 제 16조의8, 9

정답 03회	실전모의고사			
문제번호	답안			
문제 1	1		문제 2	3
문제 3-1	3		문제 3-2	1
문제 3-3	4			
문제 4	타이젠(TIZEN)			
	URL	http://navercast.naver.com/contents.nhn?rid=122&contents_id=42511		
문제 5	2일			
문제 6	상고대			
문제 7	등고자비(登高自卑)			
문제 8	초치			
문제 9	▼ 이곳에 답안 화면을 캡처하여 붙여 넣으시오(이미지크기 150mm X 100mm).			
문제 10	1시간 평균 0.50ppm 이상(또는 0.5ppm/h)			
문제 11	09:00~18:30			
문제 12	중앙선거관리위원회			
	(12-1)		(12-2)	참참, 바투, 알리
			(12-3)	서경석, 이현주, 김소영, 박선영
			(12-4)	2015년 3월 11일

정답 04회 실전모의고사

문제번호	답안		
문제 1	4	문제 2	3
문제 3-1	3	문제 3-2	4
문제 3-3	1		
문제 4	웨어러블 컴퓨터(Wearable Computer) URL: http://terms.naver.com/entry.nhn?docId=932276&cid=391&categoryId=391		
문제 5	1.0%		
문제 6	물마		
문제 7	마부정제(馬不停蹄)		
문제 8	현사		
문제 9	▼ 이곳에 답안 화면을 캡처하여 붙여 넣으시오(이미지크기 150mm X 100mm).		
문제 10	그랜드 부다페스트 호텔(The Grand Budapest Hotel)		
문제 11	5월 30일부터 31일 오전 6시부터 오후 6시까지		
문제 12	국제전기자동차엑스포		
	(12-1)	(12-2)	2015년 3월 6일~15일
		(12-3)	47,000명
		(12-4)	제주국제컨벤션센터

정답 05회 실전모의고사

문제번호	답안		
문제 1	3	문제 2	4
문제 3-1	4	문제 3-2	3
문제 3-3	1		
문제 4	이스터 에그(Easter egg)		
	URL	http://terms.naver.com/entry.nhn?docId=19420&cid=209&categoryId=209	
문제 5	73,000원		
문제 6	노마지지		
문제 7	먼지잼		
문제 8	보치아		
문제 9	▼ 이곳에 답안 화면을 캡처하여 붙여 넣으시오(이미지 크기 150mm X 100mm).		
문제 10	롯데카드, 신한카드		
문제 11	8월21일		
문제 12	제28회 하계유니버시아드		
	(12-1)	(12-2)	누리비(Nuribi)
		(12-3)	Light up Tomorrow
		(12-4)	광주광역시 서구 화운로 17(화정동)

정답 06회 실전모의고사

문제번호	답안		
문제 1	2	문제 2	3
문제 3-1	4	문제 3-2	3
문제 3-3	1		
문제 4	미러사이트(mirror site)		
	URL	http://www.terms.co.kr/mirrorsite.htm	
문제 5	2.6		
문제 6	남부여대		
문제 7	사부주		
문제 8	홍도		
문제 9	▼ 이곳에 답안 화면을 캡처하여 붙여 넣으시오(이미지크기 150mm X 100mm).		
문제 10	54		
문제 11	이예		
문제 12	아이돌봄 지원사업		
	(12-1)	(12-2)	가족 구성원의 삶의 질을 향상
		(12-3)	6,000원
		(12-4)	9개 기관

정답 07회 실전모의고사

문제번호	답안		
문제 1	1	문제 2	1
문제 3-1	2	문제 3-2	3
문제 3-3	4		
문제 4	테크파탈족(Tech Fatale)		
	URL	http://terms.naver.com/entry.nhn?docId=931539&cid=473&categoryId=473	
문제 5	8,387		
문제 6	어렴성		
문제 7	가렴주구		
문제 8	구임과		
문제 9	▼ 이곳에 답안 화면을 캡쳐하여 붙여 넣으시오(이미지크기 150mm X 100mm).		
문제 10	107		
문제 11	전라북도 전주		
문제 12	질병관리본부		
	(12-1)	(12-2)	섬김, 변화, 창조, 보람
		(12-3)	Safety, Science, Society
		(12-4)	위생국

정답 08회 실전모의고사

문제번호	답안		
문제 1	2	문제 2	3
문제 3-1	1	문제 3-2	5
문제 3-3	6		
문제 4	Hadoop		
	URL	http://navercast.naver.com/contents.nhn?rid=122&contents_id=44732	
문제 5	24.5mm		
문제 6	태의경		
문제 7	민귀군경		
문제 8	민값		
문제 9	▼ 이곳에 답안 화면을 캡처하여 붙여 넣으시오(이미지크기 150mm X 100mm).		
문제 10	우버(Uber)		
문제 11	보파(BOPHA)		
문제 12	극지연구소		
	(12-1)	(12-2)	1988. 2. 10 ~ 1989. 2. 8
		(12-3)	78° 55' N, 11° 56' E
		(12-4)	약 70일

09회 실전모의고사

문제번호	답안		
문제 1	4	문제 2	3
문제 3-1	5	문제 3-2	3
문제 3-3	1		
문제 4	Ubiquitous Sensor Network URL http://www.dt.co.kr/conterts.html?article_no=2008120102012269738002		
문제 5	430,000만원		
문제 6	양상군자		
문제 7	구상나무		
문제 8	자리끼(또는 자리낏)		
문제 9	▼ 이곳에 답안 화면을 컵처하여 붙여 넣으시오(이미지크기 150mm X 100mm).		
문제 10	스테레오(Stereo)		
문제 11	The Jang Bogo Station, Terra Nova Bay, Northern Victoria Land, Antartica		
문제 12	해양수산부		
	(12-1)	(12-2)	창의·도전, 미래지향, 소통·배려
		(12-3)	노무현
		(12-4)	국민과 훈께 가는 행복의 길 바다로, 세계로, 미래로

정답 10회 실전모의고사

문제번호	답안		
문제 1	2	문제 2	2
문제 3-1	2	문제 3-2	4
문제 3-3	5		
문제 4	Wearable Computer (웨어러블 컴퓨터)		
	URL	http://terms.naver.com/entry.nhn?docId=841361&cid=914&categoryId=914	
문제 5	170		
문제 6	깜냥		
문제 7	계양		
문제 8	격화소양		
문제 9	▼ 이곳에 답안 화면을 캡처하여 붙여 넣으시오(이미지크기 150mm X 100mm).		
문제 10	6월 12일		
문제 11	창경궁 자격루(보루각 자격루)		

문제 12 — 국립중앙박물관

(12-1)	(12-2)	1945년 12월 3일
	(12-3)	18시~21시
	(12-4)	서울시 용산구 서빙고로 137(용산동 6가 168-6)

정답 01회 연습기출문제

문제번호	답안		
문제 1	3	문제 2	1
문제 3-1	1	문제 3-2	3
문제 3-3	5		
문제 4	잊혀질 권리 또는 (Right to be forgotten)=잊어질 권리 URL: http://terms.naver.com/entry.nhn?docId=1625027&cid=3621&categoryId=3886		
문제 5	102.5		
문제 6	만시지탄		
문제 7	만지송		
문제 8	노루글		
문제 9	▼ 이곳에 답안 화면을 캡처하여 붙여 넣으시오(이미지크기 150mm X 100mm). (네이버 지도 캡처 이미지: 수원시청 → 에버랜드 경로, 약 30분, 총 23.10km)		
문제 10	9시31분		
문제 11	연경당		
문제 12	드림스타트		
	(12-1) 드림스타트 로고 이미지	(12-2)	0세(임산부) ~ 만12세(초등학생 이하)로 아동 및 가족
		(12-3)	02-6901-0289~98
		(12-4)	5개

정답 및 해설 173

정답 02회 연습기출문제

문제번호	답안		
문제 1	1	문제 2	4
문제 3-1	4	문제 3-2	3
문제 3-3	5		
문제 4	사이버스쿼팅(cybersquatting)		
	URL	http://terms.naver.com/entry.nhn?docId=932459&cid=390&categoryId=390	
문제 5	46,381		
문제 6	견문발검		
문제 7	양허		
문제 8	발편잠		
문제 9	▼ 이곳에 답안 화면을 캡처하여 붙여 넣으시오(이미지크기 150mm X 100mm).		
문제 10	9.50		
문제 11	10월 29일		
문제 12	한국관광공사		
	(12-1)	(12-2)	서울시 중구 청계천로 40 한국관광공사 지하 1층
		(12-3)	이참(李參)
		(12-4)	1330

03회 연습기출문제

문제번호	답안		
문제 1	4	문제 2	2
문제 3-1	3	문제 3-2	4
문제 3-3	1		
문제 4	스마트 그리드 [Smart Grid] URL: http://terms.naver.com/entry.nhn?docId=1310823&cid=40942&categoryId=32376		
문제 5	29.0mm		
문제 6	불문가지		
문제 7	정가		
문제 8	지머리		
문제 9	▼ 이곳에 답안 화면을 캡처하여 붙여 넣으시오(이미지 크기 150mm X 100mm).		
문제 10	14명		
문제 11	64,700원		

문제 12	사회복지공동모금회		
	(12-1)	(12-2)	기부문화의 성숙을 이끌어 사회공동체 발전을 도모한다.
		(12-3)	1999년 4월
		(12-4)	1998년 11월

정답 04회 연습기출문제

문제번호	답안		
문제 1	2	문제 2	2
문제 3-1	3	문제 3-2	5
문제 3-3	1		
문제 4	소셜 스코어 또는 Social score		
	URL	http://www.etnews.com/glossary/detail.html?t_idx=356	
문제 5	1008.50		
문제 6	과학의문		
문제 7	물보김		
문제 8	보거상의(또는 보차상의)		
문제 9	▼ 이곳에 답안 화면을 캡처하여 붙여 넣으시오(이미지크기 150mm X 100mm).		
문제 10	볼링, 스쿼시, 리듬체조, 레슬링, 크리켓		
문제 11	개인통관고유부호(제도)		

제17회 인천아시아경기대회

문제 12	(12-1)	(12-2)	평화의 숨결, 아시아의 미래
		(12-3)	극동선수권대회(동양올림픽대회)와 서아시아대회
		(12-4)	45개국

정답 05회 연습기출문제

문제번호	답안		
문제 1	4	문제 2	4
문제 3-1	1	문제 3-2	5
문제 3-3	3		
문제 4	옵트인 (Opt-in)		
	URL: http://terms.naver.com/entry.nhn?docId=70659&cid=520&categoryId=520		
문제 5	33.0		
문제 6	영각		
문제 7	사상누각		
문제 8	사정전		
문제 9	▼ 이곳에 답안 화면을 캡처하여 붙여 넣으시오(이미지크기 150mm X 100mm).		
문제 10	1,750원		
문제 11	인적자본 지수(Human Capital Index) 또는 인적역량 부문(지수)		
문제 12	북한산 둘레길		
	(12-1) 북한산 둘레길 로고	(12-2)	2.3km
		(12-3)	약 2시간 30분
		(12-4)	하

정답 06회 연습기출문제

문제번호	답안		
문제 1	2	문제 2	1
문제 3-1	4	문제 3-2	2
문제 3-3	5		
문제 4	Cyber physical systems, CPS [사이버물리시스템]		
	URL	http://bizion.mk.co.kr/bbs/board.php?bo_table=trend&wr_id=152	
문제 5	14,606		
문제 6	래스커상		
문제 7	안돌이		
문제 8	상유십이		
문제 9	▼ 이곳에 답안 화면을 캡처하여 붙여 넣으시오(이미지크기 150mm X 100mm).		
문제 10	백제! 세계를 만나다.		
문제 11	마이핀(My-PIN, 내번호)		
문제 12	불멸의 명장, 이순신		
	(12-1)	(12-2)	수군통제사 또는 삼도수군통제사
		(12-3)	노량해전
		(12-4)	1962년 12월 20일

정답 07회 연습기출문제

문제번호	답안		
문제 1	1	문제 2	4
문제 3-1	2	문제 3-2	5
문제 3-3	4		
문제 4	그린 그리드(Green Grid)		
	URL	http://terms.naver.com/entry.nhn?docId=13128&cid=43659&categoryId=43659	
문제 5	13,900,000원		
문제 6	좌향기리		
문제 7	욱기		
문제 8	전제용		
문제 9	▼ 이곳에 답안 화면을 캡처하여 붙여 넣으시오(이미지크기 150mm X 100mm).		
문제 10	박칼린		
문제 11	대조영함		
문제 12	한 해의 시작을 알리는, 보신각		
	(12-1)	(12-2)	1호선 종각역
		(12-3)	이승만 대통령
		(12-4)	1398년(태조 7년)

정답 08회 연습기출문제

문제번호	답안		
문제 1	4	문제 2	1
문제 3-1	4	문제 3-2	3
문제 3-3	1		
문제 4	Public Warning System, PWS [공공경보시스템] URL: http://www.tta.or.kr/data/weeklyNoticeView.jsp?pk_num=4211		
문제 5	115.0mm		
문제 6	진자리		
문제 7	지리멸렬		
문제 8	멸대		
문제 9	▼ 이곳에 답안 화면을 캡처하여 붙여 넣으시오(이미지크기 150mm X 100mm).		
문제 10	갱스터의 월급날 / Gangster Pay Day		
문제 11	18코스		

문제 12 — 가족친화 우수기업 인증제도

(12-1)	(로고 이미지)	(12-2)	여성가족부
		(12-3)	탄력적 근무제도, 자녀출산 및 양육지원제도, 부양가족지원제도, 근로자 지원제도, 가족친화문화 조성
		(12-4)	9호선 국회의사당역 4번 출구

정답 09회 연습기출문제

문제번호	답안		
문제 1	2	문제 2	1
문제 3-1	2	문제 3-2	3
문제 3-3	5		
문제 4	Turing test(튜링 테스트)		
	URL	http://navercast.naver.com/contents.nhn?rid=122&contents_id=61901	
문제 5	31,058		
문제 6	되우		
문제 7	풍우동주		
문제 8	미추홀(매소홀)		
문제 9	▼ 이곳에 답안 화면을 캡처하여 붙여 넣으시오(이미지크기 150mm X 100mm).		
문제 10	극립한글박물관		
문제 11	183,600원		
문제 12	연금으로 노후를 설계하는, 국민연금공단		
	(12-1) NPS	(12-2)	1987년 9월 18일
		(12-3)	1355
		(12-4)	국민을 든든하게 연금을 튼튼하게

정답 10회 연습기출문제

문제번호	답안		
문제 1	1	문제 2	3
문제 3-1	2	문제 3-2	1
문제 3-3	3		
문제 4	스플로그(Splog)		
	URL	http://terms.naver.com/entry.nhn?docId=932490&cid=43667&categoryId=43667	
문제 5	96.3		
문제 6	낙선재		
문제 7	선현여능		
문제 8	여리꾼		
문제 9	▼ 이곳에 답안 화면을 캡처하여 붙여 넣으시오(이미지크기 150mm X 100mm).		
문제 10	11,500원(제주항공 80cm~120cm 9,500원 + 당일특급 2,000원)		
문제 11	택견, 수상스키, 바둑		
문제 12	한글의 무한한 창의성, 국립한글박물관		
	(12-1)	(12-2)	2014년 10월 9일
		(12-3)	4,200㎡ (상설·기획 전시실, 체험·교육 등)
		(12-4)	무료

정답 01회 기출예상문제

문제번호	답안		
문제 1	2	문제 2	4
문제 3-1	5	문제 3-2	2
문제 3-3	4		
문제 4	패블릿(Phablet)		
	URL	http://terms.naver.com/entry.nhn?docId=1968163&cic=43667&categoryId=43667	
문제 5	35.0		
문제 6	옥생각		
문제 7	생생지락		
문제 8	애련지		
문제 9	▼ 이곳에 답안 화면을 캡처하여 붙여 넣으시오(이미지크기 150mm X 100mm). 		
문제 10	개인통관고유부호		
문제 11	장애물경주, 구명수영경주, 실용수영경주, 함상기술 경주, 수륙 크로스컨트리		
문제 12	관세청		
	(12-1) 	(12-2)	그린, 블루, 오렌지
		(12-3)	나루나래
		(12-4)	1878년 9월 28일

정답 02회 기출예상문제

문제번호	답안		
문제 1	4	문제 2	2
문제 3-1	4	문제 3-2	1
문제 3-3	3		
문제 4	Cybersquatting		
	URL	http://terms.naver.com/entry.nhn?docId=1220399&cid=40942&categoryId=32854	
문제 5	3.5%		
문제 6	파수록		
문제 7	파사현정		
문제 8	묵정밭		
문제 9	▼ 이곳에 답안 화면을 캡처하여 붙여 넣으시오(이미지크기 150mm X 100mm).		
문제 10	2:14:19 심종섭		
문제 11	농악, 칸돔베		
문제 12	한국장학재단		
	(12-1)	(12-2)	희망이, 드림이, 노란책
		(12-3)	신뢰, 창조, 헌신, 협력
		(12-4)	인간경영, 초효율경영, 윤리경영, 감동경영

정답 03회 기출예상문제

문제번호	답안		
문제 1	1	문제 2	1
문제 3-1	6	문제 3-2	1
문제 3-3	3		
문제 4	NVOD(near video on demand, near VOD)		
	URL	http://terms.naver.com/entry.nhn?docId=858226&cid=50373&categoryId=50373	
문제 5	25,000원		
문제 6	반포지효(反哺之孝)		
문제 7	포석정지		
문제 8	바투		
문제 9	▼ 이곳에 답안 화면을 캡처하여 붙여 넣으시오(이미지크기 150mm X 100mm).		
문제 10	어린이는 학대를 받거나 버림을 당해서는 안되고, 나쁜 일과 힘겨운 노동에 이용되지 말아야 한다.		
문제 11	1,350원		
문제 12	에코마일리지		
	(12-1)	(12-2)	에코(친환경)와 마일리지(쌓는다)의 합성어로 친환경을 쌓는다는 의미
		(12-3)	13.6%
		(12-4)	http://www.ecomoney.co.kr

정답 04회 기출예상문제

문제번호	답안		
문제 1	2	문제 2	2
문제 3-1	1	문제 3-2	3
문제 3-3	2		
문제 4	랜섬웨어(Ransomware 또는 Ransom)		
	URL	http://www.itworld.co.kr/news/90592?page=0,1	
문제 5	-4.9		
문제 6	해현경장(解弦更張)		
문제 7	묘현례		
문제 8	장돌림		
문제 9	▼ 이곳에 답안 화면을 캡처하여 붙여 넣으시오(이미지크기 150mm X 100mm).		
문제 10	08:28		
문제 11	로제타(Rosetta), 2004년 3월		
문제 12	세계우표전시회 필라코리아 2014		
	(12-1)	(12-2)	코엑스 A홀
		(12-3)	Chang Hwan KIM
		(12-4)	피코, 하모

05회 기출예상문제

문제번호	답안		
문제 1	4	문제 2	1
문제 3-1	4	문제 3-2	1
문제 3-3	2		
문제 4	Mobile in Vehicle, MIV		
	URL	http://www.ddaily.co.kr/mobile/section_view.html?no=49065	
문제 5	65,616		
문제 6	일일천리(一日千里)		
문제 7	금환일식		
문제 8	스리		
문제 9	▼ 이곳에 답안 화면을 캡처하여 붙여 넣으시오(이미지크기 150mm X 100mm).		
문제 10	'역사마을, 하회와 양동', '해인사 장경판전', '남한산성'		
문제 11	1,000원		

2014 전국생활체육대축전

문제 12	(12-1)	(12-2)	반달곰
		(12-3)	55개
		(12-4)	엑스포 광장